구원이란 무엇인가

구원이란 무엇인가

지은이 | 김세윤
초판 발행 | 2001. 4. 6.
개정증보판 발행 | 2023. 3. 28.
등록번호 | 제1988-000080호
등록된 곳 | 서울특별시 용산구 서빙고로65길 38
발행처 | 사단법인 두란노서원
영업부 | 2078-3352   FAX | 080-749-3705
출판부 | 2078-3331

책 값은 뒤표지에 있습니다.
ISBN 978-89-531-4445-3   03230

독자의 의견을 기다립니다.
tpress@duranno.com   http://www.duranno.com

두란노서원은 바울 사도가 3차 전도여행 때 에베소에서 성령 받은 제자들을 따로 세워 하나님의 말씀으로 양육하
던 장소입니다. 사도행전 19장 8-20절의 정신에 따라 첫째 목회자를 돕는 사역과 평신도를 훈련시키는 사역, 둘째
세계선교(TIM)와 문서선교(단행본잡지) 사역, 셋째 예수문화 및 경배와 찬양 사역, 그리고 가정·상담 사역 등을
감당하고 있습니다. 1980년 12월 22일에 창립된 두란노서원은 주님 오실 때까지 이 사역들을 계속할 것입니다.

구원이란 무엇인가

김세윤 지음

두란노

송이와 한이에게

차례

이 책은 원래 1978년 가을에 제가 한 무리의 기독 대학 생들을 위해 강의하고, 이듬해 연예인 교회의 성도들에게 한 강의를 청취자들이 녹음하였다가 글로 옮겨 1981년에 포 켓북으로 처음 출판되어 판을 거듭해 왔습니다. 그러다가 2000년에 두란노에서 약간의 수정을 거쳐 재판되었고, 지금 까지 역시 판을 거듭하여 출판되어 온 것입니다. 그런데 금 년 2월 초 두란노에서 약간의 수정을 하여 개정판을 내고 싶 다는 뜻을 전해왔습니다.

그래서 오랜만에 구판을 다시 살펴보니, 제대로 정리되지 않은 구어체의 문장들이 너무 많아 놀랐습니다. 그런 책을 그

동안 20만 명이 넘는 독자들이 읽도록 한 것에 대해 저자로서 대단히 민망하고 미안합니다.

내용적으로도 불과 서너 시간 동안 진행된 강의의 녹취록보다는 좀 더 충분한 설명을 해야 할 필요를 느꼈고, 45년 전제 학자로서의 인생의 시작점에서 한 강의가 많이 부족했던 것을 깨달았습니다. 그래서 이곳저곳에서 내용을 좀 더 보충하려고 노력했습니다. 특히 제가 지난 20년 동안 새롭게 터득하여 온 사도 바울의 칭의 구원론, 즉 그것을 전통적인 인간중심적 구원론적 관점('인간이 어떻게 그리스도 안에서 이루어진 구원을 덕입어 의인이라 칭함 받는가?')에서만 해석한 것이 아니고, 보다 근본적인 신중심적 기독론적 관점('하나님이 어떻게 그리스도를 통해 인간을 자신의 나라로 회복시키시는가?')에서 해석한 칭의 구원론을 덧붙였습니다. 그리하여 세례 때 의인이라 칭함 받은 신자들이 종말에 이루어질 그 구원의 완성을 향해 가는 현재에서 '구원받아감'의 의미가 무엇인지, 그것이 지금 이 땅에서 하나님 나라(구원의 통치)의 실재화에 어떤 역할을 하는지 등에 관한 새로운 설명을 덧붙였습니다. 그렇게 함으로써 독자들이 구원의 의미를 바르게 이해하고, 구원을 선포하는 복음을 더 깊고 포괄적으로 이해하도록 도우려 노력했습니다.

그러나 이 모든 것을 이 책의 원래의 틀 안에서, 그리고 주로 평신도 지성인들의 복음 이해를 돕기 위한 의도를 염두에 두고 해야 해서, 더 자세한 학문적 토론은 삼가고 되도록 평이한 언어로 간추려 설명하려고 노력했습니다. 그래도 이 책이 젊은 신학도들이나 현장 목회자들에게도 도움이 되었으면 좋겠습니다.

교회 생활을 오래 한 독자들은 이 책의 주제들에 어느 정도 익숙할 것입니다. 그분들에게는 이 책이 자신들의 믿음을 더 바르게, 확실하게, 그리고 깊고 넓게 하는 데 도움이 되기를 바랍니다. 아직 그리스도의 복음을 영접하지 않은 분들에게나, 복음을 영접하였으나 기독교 신앙에 대한 학습 과정이 길지 않은 일부 '초신자'들에게는 이 책의 토론들이 다소 생경하며 복잡하고 난해하게 느껴질 수도 있을 것입니다. 그러나 그런 분들도 이 책을 읽다 보면 제 언어에 익숙해지고, 저의 반복 설명을 통해서 이 책의 내용을 어렵지 않게 파악할 수 있으리라 믿습니다.

오늘 다수의 한국 교회들이 반쪽짜리 복음이나 아예 왜곡된 복음을 선포하고 성경을 원시적이고 문자적으로만 읽도록 함으로써 한국 기독교는 위기를 맞고 있습니다. 그런 교회들에서 잘못 훈련된 많은 신자들이 기독교에 뿌리를 둔 이단 집단들의 노예가 되어가는 비극이 허다하고, 그렇게 하여 큰 세력이 된 이단 집단들이 교회를 흔들 뿐 아니라 사회 전체를 위협하고 있는 상황입니다.

아무쪼록 이 작은 책이 한국의 여러 사려 깊은 목회자들과 많은 평신도들로 하여금 바른 복음을 더 깊고 넓게 이해하도록 하여 구원받은 자들로서의 복된 삶을 누리면서, 불의하고 갈등하며 행복지수가 많이 낮다는 한국에서 하나님 나라(통치)의 구원의 현재적 실재화인 "정의와 평화와 기쁨(행복)"(롬 14:17)을 실현하는 일꾼 노릇을 잘 감당하도록 하는데 조금이라도 기여하기를 바랍니다.

이 개정증보판을 짧은 시간 내에 출판하기 위해 애쓰신 남희경 부장님과 그의 동역자들에게 심심한 사의를 표하는 바입니다.

2023년 사순절
미국 파사데나에서
김세윤

이 책이 새로운 출판사를 통하여 새롭게 나오게 된 것을 기쁘게 생각합니다. 그동안 이 작은 책이 전도와 성도들의 교육에 널리 쓰임 받은 것을 인해 하나님께 감사드립니다. 지금까지 이 책이 대중 매체에 전혀 광고되지 않고 공급에서도 원활하지 못했는데도, 입에서 입으로 소개되어 많은 독자들을 얻었고 15판 이상을 거듭하며 출판되었습니다.

그동안 신앙생활을 오래한 분들도 자신들이 믿는 바를 잘 몰라, 구원의 확신을 갖지 못하고 기독교적 관점을 제대로 갖추지 못하고 있는 것을 많이 보아 왔습니다. 다른 분야에서는 지식 수준이 꽤 높은 분들도 그 가운데 포함되는데, 그들도 기독교 복음에 대해서는 애매하게 이해하고 있는 경우들을 종종 보아 왔습니다.

이 바람직하지 못한 현상은 복음이 올바로, 포괄적으로, 그리고 실존과 연결하여 설명되지 못한 데서 기인하는 듯합니다. 성경적 술어들이 되풀이되기만 하고 그 진정한 의미는 설명되지 않은 채 어렵고 생소한 신학적 숙어들만 나열하여 그것들을 통해 표현하고자 하는 실재들은 쉽게 설명되지 않았습니다. 많은 평신도들은 말할 것도 없지만 심지어 신학을 어느 정도 공부했다는 사람들도 구원론에 대해 불확실하거나 때로는 그릇된 이해를 하는 경우가 허다합니다. 그렇다면 기독교 복음을 처음 접하는 사람들이 복음에 대해 느끼는 생소함과 어려움은 얼마나 크겠습니까!

이 문제를 의식하여 온 저자는 교회 밖에 있는 사람들에게는 성경의 구원론을 올바로 깨달아 기독교 복음의 진리됨을 발견하여 그리스도를 믿어 구원을 얻도록 하고, 교회 안에 있는 사람들에게는 깨달음 있는 믿음과 구원의 확신을 가지고 더 바르고 성숙한 신앙생활을 하도록 하기 위해 이 강의를 하였습니다.

이 책을 인하여 그리스도를 믿게 되었다거나 복음을 확실히 터득하고 신앙에 굳건히 서게 되었다는 분들을 한국에서는 물론이고 미국에서도 자주 만납니다. 사무실에 이 책을 여러 권 두었다가 자신의 환자들이나 고객들에게 전도용으로 나누어 준다는 의사 장로님, 사장 장로님도 가끔 만납니다. 교회의 제직 교육용으로 쓴다는 목사님들, 대학생들의 전도용으로 쓴다는 기독 학생 운동 지도자들도 더러 만납니다. 그때마다 좀 더 보완되고 다듬어진 책을 내지 못해 송구한 마음과 함께 이 부족한 것이라도 들어 쓰시는 주님께 감사한 마음이 듭니다.

이제 이 책이 기독교 문서 선교에 크게 공헌하고 있는 두란노를 통해 새롭게 세상에 나가게 되어, 주님의 계속적인 은총 가운데 더 많은 사람들에게 도움을 주고 한국 교회의 성장 발전에 더욱 이바지하기를 빕니다. 이 책의 출판을 위해 편집의 수고를 한 박삼열 목사에게 감사합니다.

2000년 추수감사절
미국 파사데나에서
김세윤

구원이란 무엇인가

1. 우리가 구원받아야 할 이유

구원이란 하나의 포괄적인 개념으로서 모든 악과 고난에서 해방되고 신(神)적 충만에 이르는 것을 의미합니다.

우리는 삶의 모든 면에서 결핍과 아픔을 겪으며 지내다가 죽음에 이릅니다. 경제적 빈곤이나 신체적 병고는 말할 것 없고, 거짓, 불의, 증오, 이웃과의 갈등, 사회적·국가적·국제적 차원의 갈등 등에서 유래하는 갖가지 고난들에 짓눌려 살아갑니다. 이런 고난들은 죽음의 증상들입니다. 감기에 걸리면 목이 따갑고, 콧물이 나며, 머리가 아프는 등 여러 증상들이 나타납니다. 그래서 그런 증상들이 나타나면 우리가 감기에 걸렸으며, 감기의 병균이 우리 몸속에 역사하고 있음을 알게 됩니다. 마찬가지로 죽음의 '병균'이 우리 속에서 역사하여 노쇠 현상들과 질병들을 유발하며, 앞에서 말한 온갖 형태의 고난들을 낳는 것입니다. 그러기에 모든 악과 고난의 현상들은 죽음의 증상들이요, 그런 악과 고난에 짓눌리고 있다는 것은 우리가 지금 죽음의 힘 아래 놓여 있고 감기에 걸리듯 우리가 죽음에 '걸려' 있다는 것을 의미합니다.

그러므로 우리가 지금 살아 있다고 하지만 사실은 벌써 죽음에 '걸려' 있는 자들이요, 팔십 평생 또는 구십 평생을 지내고 무덤에 이르는 것은 우리 가운데 지금 역사하는 죽음의 '병균'이 확산되어 우리의 존재를 완전히 점령한 결과로 나타납니다. 이런 점에서 본다면, 우리의 수명이 다하여 육신이 죽는 것은 우리의 현재가 죽음의 힘 아래 있음을 최종적으로 확인하는 데 지나지 않습니다.

그렇기 때문에 성경은 악과 고난에 짓눌려 있는 인생을 가리켜 '죽은 자'라고 합니다. 사람들이 보통 말하듯 육신으로는 살아 있지만 영적으로는 죽어 있다는 의미에서가 아니라, 앞서 설명한 대로 인생이 죽음에 '병 걸려' 있다는, 죽음의 권세 아래 놓여 있다는, 또는 죽음의 '병균'에 의해 점령당하여 가는 상태에 놓여 있다는 의미로 성경은 인생이 죽어 있다고 말하는 것입니다(엡 2:1; 골 2:13). 이 죽음과 그 증상들인 모든 고난에서 해방되는 것이 '구원'입니다.

죄의 본질은 하나님에 대한 옳지 않은 태도

그러면 이 구원을 어떻게 얻을 수 있습니까? 이 물음에 대한 답을 얻기 위해서는 왜 죽음에 '걸리게' 되었는지를 생각해 봐야 합니다.

사도 바울은 "죄의 삯은 죽음"(롬 6:23)이라고 말합니다. 죽음은 죄의 대가로서, 우리가 죄를 지으면 우리에게 꼭 죽음이 주어진다는 것입니다. 여기 "삯"이라 번역한 말은 원래 그리스어로 용병에게 주는 품삯을 지칭하는 단어입니다. 그래서 바울의 이 말에는 '우리가 사탄의 용병으로 고용되어 그의 왕국을 위해 싸워주면 [즉, 죄를 지어주면] 죽음으로 품삯을 준다'는 그림이 담겨 있습니다. 그리고 그 근저에는 사탄의 나라가 하나님 나라와 전쟁 중에 있다는 세계관과 역사관이 자리잡고 있습니다. 이 책을 조금 더 읽어가면, 이 그림언어를 좀 더 잘 이해할 수 있을 것입니다.

그러면 죄가 도대체 무엇이기에 죄를 지으면 죽음이 주어

집니까? 죄라면 우리는 보통 여러 가지 구체적인 실행죄들을 생각합니다. 물론 남을 증오하고 악을 도모하는 등 생각으로 짓는 죄, 남에게 욕하여 상처를 주고 거짓말을 하며 해를 끼치는 말로 짓는 죄, 남을 때리고 남의 것을 빼앗는 등 행동으로 짓는 죄가 모두 죄들임에는 틀림없습니다. 그 죄들이 생각에서 말로, 행동으로 발전할수록 더 큰 파괴력을 가지고 앞서 말한 죽음의 증상들인 고난들을 낳는 것도 분명합니다. 그러나 그것들은 죄의 다양한 현상들에 불과합니다.

죄의 본질은 하나님에 대한 인간의 옳지 않은 태도입니다. 성경에서 말하는 죄의 개념에는 인간이 창조주 하나님의 피조물이라는 것이 전제되어 있습니다. 인간은 자기 의지에 의하여, 그리고 자기 힘으로 스스로 존재하는 자가 아니라 창조주 하나님에게서 생명을 받은 존재입니다. 따라서 인간이 자신의 생명을 영위하기 위해 창조주 하나님께 의존하는 태도가 인간의 올바른 태도입니다.

그런데 여기서 하나님께 의존한다는 것은 하나님께 순종한다는 말과 같습니다. 특권은 항상 의무를 수반한다는 원칙을 내세우며 "하나님께 의존할 수 있는 특권을 가진 성도들은 그분께 순종해야 할 의무가 있다"는 내용의 설교를 우리는 흔히 듣습니다. 그러나 하나님에 대한 의존과 순종은 이보다 훨씬 더 밀접한 관계를 가지고 있습니다. 사실 하나님에 대한 진정한 의존은 그분에 대한 순종으로 표현되게 마련입니다. 그러므로 하나님에 대한 의존은 곧 그분에 대한 순종이라고 할 수 있습니다.

이 관계를 다음과 같은 예로 설명할 수 있습니다. 하나님은 전지(全知)하시고 전능하시며 사랑이 완전한 분이시므로 그의 이러한 자원들을 100으로 나타내기로 합시다. 이에 반해 인간은 피조물로서 하나님으로부터 부여받은 지혜와 능력을 가지고 있지만, 그 자원들은 피조물적 한계성을 가졌습니다. 그러기에 하나님은 내가 나를 아는 것보다 나를 더 잘 아시고, 내가 나를 사랑하는 것보다 나를 더 사랑하십니다. 하나님은 100의 지혜와 나에 대한 100의 사랑으로 나더러 동쪽으로 가는 길이 생명의 길이라며 그 길로 가라고 말씀하십니다. 반면 나는 10밖에 되지 않는 지혜와 10밖에 되지 않는 나에 대한 사랑으로 헤아려 볼 때, 동쪽으로 가는 길은 손해 보는 길이며 차라리 서쪽으로 가는 길이 이로울 듯싶습니다.

이때 내가 나의 지혜와 사랑보다 열 배나 큰 하나님의 완전한 지혜와 사랑에 진정으로 의존한다면, 나의 불완전한 지혜와 사랑이 제시하는 서쪽 길을 택하지 않고 하나님이 제시하시는 동쪽 길을 택할 것입니다. 그러나 서쪽 길을 택한다면 나는 하나님이 주시고자 하는 구원을 얻지 못하고, 도리어 하나님이 피하라는 고난을 얻게 되는 것입니다.

이렇듯 하나님에 대한 의존은 순종으로 표현됩니다. 다시 말해 의존과 순종은 동전의 양면이라고 보아야 합니다. 그렇기 때문에 하나님에 대한 순종이 없는 의존은 진정한 의존이 아니며, 그것은 결코 우리에게 구원을 가져다주지 않습니다.

자기주장 의지로 하나님을 떠나는 인간

하나님께 의존하고 순종하는 것이 하나님에 대한 피조물인 인간의 올바른 태도입니다. 그러한 태도를 가지고 살 때 인간은 하나님과 올바른 관계에 서 있다고 할 수 있습니다. 하나님과 그러한 올바른 관계에 서 있을 때, 인간은 하나님의 무한한 자원을 덕(德)입어(그 구원의 덕을 봐서) 살 수 있는 것입니다. 즉 그의 신적 충만에 참여하게 됩니다.

하나님과의 이러한 올바른 관계를 깨는 것이 죄입니다. '죄'의 본질은 바로 하나님에 대한 이러한 인간의 올바른 태도를 버린 결과 하나님과 올바른 관계를 갖지 못한 데 있습니다. 이렇게 올바른 관계를 깨뜨리는 것은 인간의 '자기를 주장하려는 의지'(Selbstbehauptungswille; self-assertive will)가 발로된 결과입니다. 다시 말하면 인간이 창조주 하나님에 대해 독립을 선언한 것입니다. 즉 자기의 지혜, 자기의 힘, 자기의 사랑, 자기의 시간 등 자기 속에 내재한 자원으로 자기의 생명과 행복을 추구할 수 있다는 환상 가운데, 하나님께 의존하고 순종하는 것을 속박의 상태로 인식하고, 자기 뜻대로 자기 멋대로 살고자 하나님께 대항하여 자기를 주장하고 독립을 선언한 것입니다. 이것은 피조물인 인간이 창조주 하나님께 등을 돌리는 행위입니다. 인간이 온 우주를 창조하신 하나님의 무한한 지혜, 무한한 힘, 무한한 사랑, 영원 등 무한한 자원을 공급받아 그 자원에 의존하여 살 수 있는 존재로서의 활로를 끊어 버리고 스스로를 스스로에게 닫아 버리는 것입니다. 그 결과 인간은 자기 속에 내재한 극도로 제한된 자원에 갇히게 됩니다.

그리하여 인간은 길어야 100년이라는 제한된 시간, 영원에 비하면 순간에 불과한 시간을 살아갑니다. 다른 자원들의 공급마저 떨어져 그 짧은 인생 동안 한 시간 후 무슨 일이 일어날지도 모르는 제한된 지혜와, 무슨 일이 일어난들 그 모두를 해결할 수 없는 제한된 힘과, 이웃에 대한 극히 제한된 사랑 등으로 살아야 하는 처지입니다.

앞서 '죽음의 증상들'이라고 규정한 모든 악과 고난들은 창조주 하나님께 의존하고 순종하여 그의 무한한 자원들을 계속 공급받기를 거부하고, 그에 대항하여 자기주장을 함으로써 자기의 제한된 자원에 스스로를 가두어 버리는 '죄'의 열매요 대가('삯')입니다. 인간은 신적 영원에 참여하지 못하고 짧은 시간에 제한된 존재이기에 변화의 노예가 되어 늙고 병들고 죽는 고난을 겪게 되고, 지혜가 제한되었기에 내일 무슨 일이 일어날지 몰라 불안과 근심에 사로잡힙니다. 힘이 제한되었기에 좌절과 실패와 고난을 맛보며, 사랑이 제한되었기에 다른 사람들과의 갈등 속에서 고통을 당합니다. 이 고난들은 분명히 죽음의 증상들입니다. 이 모두는 인간이 자기 생명의 근원이신 하나님께 대항하여 자기 자원으로 그리고 자기 뜻대로 살겠다고 자기주장을 함으로써 그와의 관계가 끊어지고, 그로부터 분리되어 시작된 죽음(엡 2:1; 골 2:13)의 '병균'이 역사하며 인간들에게 일으키는 증상들입니다.

자기주장을 하려는 의지로 자기 생명의 창조주이신 하나

님에게서 분리된 인간은 생명의 근원인 땅에서 분리된 뿌리 뽑힌 나무에 비유될 수 있습니다. 그 나무는 그 속에 들어 있는 제한된 수분과 양분이 있을 때까지만 잠시 살다가 곧 말라 비틀어져 죽고 맙니다. 그의 생명의 근원인 땅에서 더 이상 수분과 양분을 공급받지 못하기 때문입니다. 그러므로 나무가 땅에서 뽑히는 순간 그 나무의 죽음은 사실상 시작되었다고 할 수 있습니다. 즉 잎사귀와 가지가 말라가는 현상을 가리켜 그 나무 속에서 역사하는 죽음의 증상들이 나타난 것이라고 말할 수 있습니다.

인간이 그의 생명의 근원이신 하나님께 의존하고 순종하는 올바른 관계를 단절하고 스스로를 스스로에게 닫아 버렸더라도 그는 자신 속에 있는 제한된 자원에 의해 얼마 동안은 계속 존재합니다. 그러나 자원의 제한성 때문에 존재는 고난들로 얼룩지고, 자원이 고갈되어 감에 따라 말라 비틀어진 나무 한 그루처럼 되어 무덤에 묻히고 맙니다.

'자기주장 의지'는 하나님같이 되고자 하는 의지

이 진리는 창세기 3장에 명료하게 선포되어 있습니다. 하나님은 태초에 인류의 조상 아담과 하와를 자기 형상대로 지으시고, 자신의 대리자로서 자신이 만든 모든 만물을 다스리고 즐기며 살도록 하셨습니다(창 1:26 – 30). 이것은 아담과 하와가 하나님께 의존하고 순종하는 가운데 하나님의 것들(하나님의 재산, 하나님의 자원)을 먹고살도록 하셨다는 것입니다. 그러나 아담과 하와는 하나님이 그들의 생명을 보호하기 위해 금지하신 '선악과'를 먹었습니다. 그들은 그 '선악과'를 먹음으로써 선과 악을 분변할 수 있는 힘, 즉 하나님의 고유 속성인 전지(全知)함을 얻어 "하나님과 같이 되리라"는 뱀의 유혹에 넘어가 '죄'를 저질렀습니다. 인간은 의존과 순종의 관계를 유지함으로써 죽지 않고 살 수 있도록 하신 선한 의지(사랑)의 하나님에 대한 신뢰와 순종을 저버리고, 악과 고난만을 가져다주는 사탄에게 순종했습니다. 아담과 하와의 불신과 불순종의 동기는 스스로 '하나님같이 되고자' 하는 의지였습니다(창세기 3장 설화의 이러한 신학적 의미를 모르는 이단자들이 "선악과" 운운하며 만들어 내는 온갖 이단 사설들, 그들과 비슷하게 가르치는 '목사'들의 '설교'를 경계해야 합니다).

사탄은 피조물인 인간으로 하여금 '하나님같이 되고자 하는 의지', 곧 '자기주장'을 하려는 의지를 갖도록 항상 충동질

합니다(창 3:5). 하나님에 대한 의존과 순종은 인간의 자기 비하이며 속박이라고 생각하게 하고, 스스로 자신의 주체가 되어 뜻대로 멋대로 살 수 있다고 생각하게 하고, 온 세상의 중심이 자신이라고 생각하게 합니다. 그러나 이 충동에 넘어가는 순간, 인간은 온 우주의 창조주이시며 자기 생명의 근원이신 하나님에게서 분리되어 그의 무한한 자원에 더 이상 참여할 수 없게 되고 자신의 제한된 자원에 갇히게 됩니다. 더욱이 인간은 스스로 '하나님같이' 되는 것, 즉 자신이 주가 되는 것이 아니라 도리어 사탄에게 순종하는 사탄의 종이 되고 맙니다. 이처럼 진리와 의와 사랑으로 다스리시는 하나님께 의존하고 순종하기를 거부할 때, 인간은 거짓과 악과 고난으로 다스리는 사탄의 종이 되고 맙니다.

이와 같이 스스로 '하나님같이 되려는' 망상 가운데, 진리와 의와 사랑으로 다스리시는 생명의 주 하나님의 통치에 등을 돌리고, 거짓과 악과 고난으로 다스리는 사탄의 통치권으로 들어가는 것이 죄로 인한 '타락'이요 죽음의 시작입니다.

우리는 여기서 '인본주의' 곧 창조주 하나님을 부인하고 인간을 우주의 중심이라 보며 인간성을 만물의 척도로 삼아 인간이 스스로의 주가 되어야 한다고 고취하는 사상이 바로 태초에 아담과 하와를 스스로 '하나님같이' 되도록 유혹했던 뱀의 '사상'임을 알게 됩니다. 인간을 높이고 생명으로 이끄는 사상이 아니라, 인간을 하나님이 원래 지으신 하나님의 형상의 고양된 지위에서 떨어지게 하는, 곧 인간 이하로(사탄의 노예로) 비하하는 사상이요 죽음으로 내모는 사상임을 깨닫게 됩니다.

스스로 '하나님같이' 될 수 있다는 사탄의 꾐에 빠져 하나님에 대해 '자기주장'을 하고 그분으로부터 소외되어 사탄의 종으로 자기의 제한된 자원에 갇히게 된 인간은 자신의 자원이 빈곤함을 본능적으로 감지하고서는 자신의 자원을 늘릴 수 있는 한 가지 길을 추구하게 됩니다. 그것은 곧 다른 사람의 자원을 빼앗는 길입니다. 다른 사람들을 굴종시켜 그들의 자원으로 자신을 섬기도록 하여 자신의 '삶'을 풍요롭게 하려는 것입니다.

하지만 불행하게도 그 길이 인간을 죽음으로부터 건져내지 못합니다. 다만, 죽음의 증상들을 약간 완화하는 데 불과합니다. 그러나 빈곤한 자기 자원에 갇히게 된 모든 인간은 그 길이 '삶'의 길인 양 서로에게 자기를 주장하며, 상대를 자기에게 굴종시키고, 상대의 자원을 착취하려 합니다. 그래서 인간 사회가 치열한 생존경쟁과 약육강식과 적자생존의 정글, 곧 금수의 세계가 되어 버렸습니다. 사람과 사람 사이의 모든 갈등과 그로 인한 고난이 여기서 나오게 됩니다.

만인이 만인과 더불어 다툼으로 빚어지는 인간 사회의 갈등과 고난은 개인과 개인뿐 아니라 집단과 집단, 국가와 국가 사이에도 나타나고, 크게는 세계대전으로까지 나타나 수천만이 살상되기도 합니다.

이 모든 고난은 궁극적으로 인간이 하나님 앞에서 자기주장을 하여 자신의 제한된 자원에 갇힌 데서 기인합니다. 이렇게 죄의 본질인 '자기주장을 하려는 의지'는 인간을 하나님으로부터 소외시키고 그분과 갈등을 일으키며, 동시에 동료 인간들로부터도 소외시키고 그들과도 갈등을 일으킵니다.

죄는 '삼중적인 소외'를 가져온다

사실 죄는 삼중적인 소외를 가져옵니다. 하나님으로부터의 소외, 이웃으로부터의 소외, 그리고 진정한 자아로부터의 소외를 가져옵니다. 인간의 본질은 피조물입니다. 인간의 진정한 실존은 창조주 하나님께 의지하고 순종하는 관계에 있습니다. 이것이 진정한 자아입니다. 우리의 자원이 무한하다는 환상을 가지면서 우리를 하나님으로 만들 때 우리는 진정한 자아를 잃어버리게 됩니다. 자기주장을 하게 되면 자아를 찾는 것이 아니라 오히려 진정한 자아를 잃어버립니다. 죄는 자기를 자기로부터도 소외시키는 삼중적인 소외를 가져옵니다. 인간이 자기 자신으로부터 소외되었을 때 나타나는 정신병, 불안과 같은 신경증 등이 다 여기에서 옵니다. 이웃과의 갈등 속에서 오는 모든 고난들과 궁극적으로 인간의 제한된 자원에서 오는 모든 고난들이 바로 인간이 하나님으로부터 분리된 죄 때문에 오는 것입니다.

죄에는 두 가지 죄가 있습니다. 원죄(原罪)와 실행죄(實行罪)입니다. 지금까지 다룬 것은 원죄입니다. 자기를 하나님으로부터 닫아 버리는 것이 원죄라면, 원죄의 결과로 나타나는 현상으로서의 죄를 실행죄라고 볼 수 있습니다. 실행죄에는 생각의 영역에서 일어나는 죄(예: 탐욕, 증오, 시기 등), 말의 영역에서 일어나는 죄(예: 거짓말, 욕설 등), 행동으로 나타나는 죄(예: 폭력, 수탈 등)가 있습니다. 생각에서 말로 그리고 행동으로 죄가 발달할수록 파괴력이 큽니다.

이제 인간은 자기를 스스로 닫아 버림으로써 하나님의 무한한 자원에서 분리되어서 자기의 제한된 자원에 갇혀 모든 악과 고난의 상태에 처하게 되었습니다. 그러므로 구원이란 인간이 이러한 악과 고난의 상태에서 해방되는 것입니다.

그러면 어떻게 이 구원이 이루어질 수 있는지를 계속해서 살펴보겠습니다.

2. 사람은 스스로를 구원할 수 있는가

우리가 구원받아야 할 이유

우리의 제한된 자원 때문에 일어나는 악과 고난을 우리의 그 제한된 자원으로 해결할 수 있다고 생각한다면 그것은 논리적으로 모순입니다. 우리가 우리를 구원할 수 있는 힘이 있다면, 우리에게는 애초부터 구원받아야 할 이유가 발생하지 않았을 것입니다. 따라서 인간이 스스로를 구원할 수 있다고 생각하는 것은 환상입니다.

선악과를 먹어 신적 전지함에 도달했다는 환상을 가진 아담은 무한하신 하나님께 등을 돌리고 독자적인 삶을 살겠다고 선택했습니다. 아담은 곧 자신의 지혜와 능력을 동원하여 농사를 시작합니다. 그 열매로 자신의 삶을 영위할 수 있다는 생각, 즉 문명을 개발하여 결핍과 결핍에서 나오는 고난들을 해결하겠다는 생각을 가지고 말입니다. 그러나 인류 문명은 인간의 삶을 확대하기도 하지만 동시에 죽음을 확대하기도 하는 변증법적인 것입니다. 산업혁명을 생각해 보십시오. 인간이 지혜를 동원하여 자연의 동력을 개발함으로써 기차나 기선을 발명하고 그로 인하여 시간과 장소의 속박에서 벗어나 얼마나 큰 자유를 얻었습니까? 그리고 대량생산의 방법을 터득하여 얼마나 큰 소비재의 풍요를 얻었습니까? 그러나 그렇게 우리의 삶을 확대한 산업혁명이 자원 고갈, 환경 파괴, 기후 변화 등으로 인한 고난들을 얼마나 많이 증대했습니까? 20세기 말부터 진행되어 온 전자혁명도 마찬가지의 변증법적인 현상을 낳고 있습니다. 예컨대 우리의 자유를 엄청나게 증대하는 전자통신 수단은 동시에 우리 삶을 감시하는 수단이 되어 우리의 자유를 얼마나 속박합니까? 비행기는 얼마나 유익한 교통수단입니까? 그러나 그것은 수많은 살상을 가져다주는 전쟁무기로도 쓰이지 않습니까? 이렇게 인간은 자신의 지혜를 개발하여 문명을 진전시킴으로써 삶을 증진하지만, 그 삶은 항상 죽음의 이면을 갖고 있는 것이지, 죽음의 이면이 없는 삶(구원)을 가져오는 것은 아닙니다.

그럼에도 불구하고 여러 종교들은, 예컨대 힌두교나 불교, 심지어 이슬람교 등은 지혜/지식과 선행을 구원의 방도들로 이해하고, 인류에게 그것들을 개발하여 구원을 얻으라는 자력구원론(自力救援論)을 가르칩니다.

종교들뿐만 아니라 마르크스주의나 인류 문명에 대해 낙관론을 펼치는 다른 사상들도 인간이 스스로를 구원할 수 있다고 가르칩니다. 마르크스주의자들은 모든 생산수단들을 국유화하고 인력을 과학적으로 잘 배치하고 관리함으로써, 즉 '과학적 사회주의' 체제를 구축하여 모든 사람들이 능력껏 일하고 필요껏 소비하는 낙원을 건설할 수 있다고 믿었습니다. 이렇게 구체적인 계획안은 제시하지 않지만, 문명에 대한 다른 낙관론자들도 이와 비슷하게 인류가 과학과 기술을 계속 발전시키고, 서로에 대해 선행을 하며 더불어 사는 법을 계속 교육하면 모든 문제들을 극복하고 평화로운 유토피아를 언젠가는 건설할 수 있다고 봅니다. 이러한 문명낙관주의는 계몽주의 이후 19세기의 자유주의에서 절정을 이루었습니다. 인간의 이성을 재발견하고 이성을 개발하여 교육을

시키고 과학과 기술을 발전시킨다면 인간에게 악과 고난이 없고 싸움이 없는 평화와 풍요의 상태에 이를 수 있으리라는 낙관론이었습니다.

그러나 제1, 2차 세계대전은 이러한 낙관론을 잿더미로 만들고 말았습니다. 최고도로 '발달'된 과학과 기술은 인간을 최대로 '파멸'하는 결과를 가져왔고, 바로 인간의 개발된 지성 혹은 인간의 개발된 지혜가 인류 역사에서 일찍이 보지 못한 죄악을 초래하였습니다. 두 세계대전은 인간의 이성 개발의 한계를 극명하게 드러내고 말았고, 인간의 근본 문제인 악과 고난을 이성의 개발로써는 해결할 수 없다는 사실을 가르쳐 주었습니다. 그 후 신학자들은 죄에 대해 더 진지하게 생각하게 되었고, 종말론에 대해 더 새롭게 생각하게 되었습니다. 그리고 1917년의 러시아 혁명부터 70여 년간 소련에서 실험된 마르크스주의도 여러 민족들에게 혹독한 독재 통치로 엄청난 고난을 끼치다가 총체적 실패로 끝났습니다.

문명낙관론은 허황된 것

이와 같은 사상적인 변천에도 불구하고 오늘날도 문명의

발달에 대해 낙관하는 사람들이 많습니다. 인간이 가진 이성의 힘으로 언젠가는 모든 악과 고난에서 인간을 해방시킬 수 있으리라고 생각하는 사람들이 있습니다. 그러나 인류가 자신들의 제한된 자원 때문에 발생하는 악과 고난을 자신들의 제한된 자원으로 해결할 수 있다는 생각은 논리적 모순인데도, 계속 그런 생각을 가진다는 것은 허황된 생각이라 할 수밖에 없습니다. 그것이 지난 100여 년간의 역사에서 증명된 것 아닙니까?

그렇기 때문에 우리의 구원은 인간의 내재된 힘으로 이루어질 수 없습니다. 인간 밖에 계시고 우주 밖에 계시는 초월자 하나님, 초월하시기에 전능하신 하나님만 우리를 구원하실 수 있습니다. 그런데 그 전능자 하나님이 이슬람교의 알라같이 하늘 꼭대기에 혼자 고고히 앉아 있기만 하면 우리에게 구원이 일어나지 않습니다. 우리 밖에(extra nos) 계신 하나님이 우리를 위해서(pro nobis) 오셔서 구원을 이루어 주셔야만 우리는 구원을 받을 수 있습니다.

예수 그리스도의 '복음'은 바로 이러한 제한된 자원 속에서 죽어 가는 인간들에게 하나님께서 우리를 위하여 오셔서 구원을 이루셨다는 '기쁜 소식'입니다.

다음 장에서는 초월의 하나님이 어떻게 예수 그리스도 안에서 우리의 구원을 이루셨는가를 살펴보겠습니다.

3. 예수의 삶과 죽음과 부활은
구원의 사건이다

이 장에서는 "예수의 삶과 죽음과 부활은 구원의 사건이다"라는 선포를 살펴보고자 합니다. 우리는 "예수는 구원자다", "예수는 그리스도다"라는 선포를 많이 듣습니다. 예수가 그리스도(종말의 구원자)라는 것을 어떻게 알게 됩니까? 예수가 이룬 구원은 무엇이고, 그것을 어떻게 이루었습니까?

예수의 하나님 나라의 복음 선포: 예수가 약속한 구원

예수는 앞에서 설명한 인류의 죄와 죽음 아래의 상황을 '탕자의 비유'로 설명하면서, 인류로 하여금 하나님 나라로 들어

와서 그의 충만에 참여함으로써 구원을 얻으라는 복음을 선포하였습니다.

예수는 '탕자의 비유'(눅 15:11~32)로 창세기 3장의 이 진리를 설명한 것입니다. 이 비유에서 탕자는 창세기 3장의 아담, 즉 그의 후손들인 온 인류의 존재 방식을 결정한 아담입니다. 부요한 아버지의 은혜를 의지하고 순종하는 삶을 저버리고 자신의 독립적인 삶을 추구하기 위해 아버지로부터 자신의 몫을 받아 아버지를 등지고 멀리 떠납니다. 아버지로부터 받은 재산으로 자신의 안녕과 행복을 얻을 수 있다는 환상에 빠져서 말입니다. 그러나 그의 재산(자원)은 곧 고갈됩니다. 그리하여 그가 아버지를 등질 때 상상했던 자유롭고 행복한 삶을 얻는 대신 이방인의 종으로 전락하여 돼지(유대인들에게는 가장 불결한 짐승) 치는 일을 함으로써 생명을 유지하게 되는데, 돼지의 먹이도 제대로 못 먹는 처참한 상황에 놓이고 맙니다. 예수는 이 비유로 하나님의 아버지 노릇 해주심을 저버리고 자신의 자유와 주체성을 확보하기 위해 떠난 인간이 역설적으로 맞게 된 사탄의 노예로의 전락과 그것이 가져온 죽음의 상황을 그렸습니다(이 비유 속의 큰아들은 하나님의 은혜의 관계 속에 있으면서도 자신의 자원[율법 지킴의 선행]으로 자신의 구원을 얻으려는 아담적 삶을 사는 유대인들을 비유한 것임).

예수는 인간의 실존을 이렇게 진단하고 하나님 나라를 잔치의 그림으로 선포하며 스스로 하나님같이 되라는 사탄의 꾀에 빠져 하나님을 저버린 죄를 회개함으로써 사탄의 나라에서 나와서 하나님 나라로 들어와 하나님 아버지의 상속자로 회복되고(탕자의 비유에서 '예복'을 입히고 가락지를 끼움), 그가 베푸는 잔치(살진 송아지를 잡고 풍악을 울리는 잔치)의 배부름(충만)과 기쁨을 얻으라고 사람들을 초청합니다. 예수는 하나님 나라의 구원을 상속과 잔치, 특히 혼인 잔치의 그림으로 그리면서(예: 눅 14:15-24/마 22:1-10; 요 2:1-11), 사람들에게 죄와 죽음으로 통치하는(죄를 짓게 하고 죽음으로 품삯을 주는) 사탄의 나라에서 나와서 하나님 나라로 들어와 하나님의 통치를 받는 자들이 됨으로써 하나님의 충만을 상속받고 누리며 그 기쁨(행복)을 얻으라고 그들을 부른 것입니다(막 2:17). 그래서 예수는 병자들을 치유함(막 2:1-12; 눅 11:15-22)과 더불어 그의 그러한 약속을 믿고 그의 부름에 응한 죄인들과 즐겨 먹고 마시는 잔치를 베풀어 그들에게 장차 하나님 나라에서 주어질 온전하고 충만한 삶을 시위하신 것입니다(막 2:15-18; 눅 7:31-35; 요 2:1-11).

장차 하나님 나라의 잔치에 참여함, 또 다른 그림으로 말하자면 하나님의 상속자 됨, 즉 하나님의 무한한 자원(충만)에 참여함으로 얻는 생명을 '영생'이라 합니다. 보통 '영생'이라 하면 시간적으로 무한히 지속되는 생명을 생각하는데 그것은 부족한 이해입니다. '영생'이란 문자적으로는 '오는 세대의 생명'이란 말입니다. 즉 유대인들이 '이 세대'(this age) 끝에 오리라고 기대한 '오는 세대'(the age to come) 때의 삶이란 말인데, 그 '오는 세대'는 하나님 나라가 완성되는 종말이므로, 그 생명은 하나님 나라의 생명, 곧 하나님의 충만에 참여하는 생명입니다. 그러므로 시간적으로도 하나님의 영원에 참여하는 것이지만, 하나님의 전지하심에, 하나님의 전능하심에, 하나님의 온전한 사랑에 참여하여 얻는 삶, 즉 신적 충만에 참여하여 얻는 삶입니다. 그러기에 '영생'은 내용적으로 말하자면 "하나님적(신적) 생명"입니다. 그래서 사도 바울은 이 생명을 얻는 구원을 '하나님의 형상'인 하나님의 아들 그리스도 예수(고후 4:4; 골 1:15)와 "같은 형상이 됨"(롬 8:29; 고후 3:18) 또는 "하나님의 영광을 얻음"(롬 8:30)이라고도 합니다. 이것은 우리가 우리의 피조물적 한계성(결핍)을 극복하고 "하나님같이 됨"을 의미합니다. 창조주 하나님께 대항하여 자기를 주장함으로써 하나님같이 되고자 한 '첫 아담'의 길을 따라서가 아니라, 하나님께 철저히 순종하여 하나님의 '이름'을 얻은 '종말의 아담'(마지막 아담) 예수 그리스도(빌 2:6-11)를 본받아서 하나님의 나라/통치에 철저히 의존하고 순종해서 말입니다(빌 3:21; 고전 15:49).

예수는 우리의 구원을 어떻게 이루셨나

그러면 예수는 그가 약속한 하나님 나라의 구원을 어떻게 성취하셨습니까? 곧 우리 인간이 하나님의 충만에 참여하여 우리의 피조물적 한계성에서 오는 죽음과 고난들을 다 극복하고 하나님의 신적 생명("영생")을 얻게 해주겠다는 약속을 어떻게 성취하셨습니까?

실존주의 철학의 영향 아래 20세기 전반부 세계 신약학계에 군림한 불트만(R. Bultmann)은 이렇게 주장했습니다: 예수는 하나님의 심판과 구원이 임박하다고 외친 세례 요한과 비슷한 하나의 "종말의 선지자"였는데, 그의 제자들이 그가 십자가 처형 후 하나님에 의해서 부활되었다고 믿게 되었고, 그 믿음에서 예수가 "메시아"(그리스도, 종말의 구원자)요, "주"요,

"하나님의 아들"이라고 하는 신앙고백들이 발생하게 되었다고 말입니다. 불트만은 복음서들에 기록된 예수의 역사적인 삶과 가르침에 대한 자료들은 그 제자들과 후대 교회가 그 신앙고백들을 뒷받침하거나 그 의미를 설명하는 설교들이어서, 실제 역사적 예수의 진면목에 대해서는 역사적으로 탐구할 수 없다고 보았습니다. 그러기에 불트만은 우리에게 중요한 것은 그냥 그 신앙고백들이 우리에게 어떤 실존적 의미를 가졌는가를 새기는 것이라고 주장했습니다.

그런데 그 후 불트만의 제자들을 비롯한 많은 학자들은 그의 그러한 주장을 배척했습니다. 그들은 복음서들의 자료들을 가장 예리한 비평 방법으로 분석하여, 역사적 예수가 자신이 하나님의 아들로서 하나님의 대권을 대행하여 죄인들을 구원하는 분이라는 자기이해를 가지고 있었고, 그것을 여러 방법들로 암시하였음을 확인했기 때문입니다. 또한 헹엘(M. Hengel) 같은 학자들이 예수 당시 유대교에는 메시아가 부활하리라는 사상이 없었기에, 예수의 제자들이 단순히 예수가 부활했다는 생각에서 그가 메시아라는 신앙고백을 만들어 낼 수는 없었을 것임을 밝혔기 때문입니다. 더구나 당시 유대교에서는 장차 올 메시아를 다윗 왕조를 재건하여 이스라엘을 로마제국으로부터 해방시킬 전사요 왕으로 생각했는데 예수가 그런 일을 하기는커녕 십자가에 못박혀 죽었기에, 그의 부활은 그의 제자들에게 기껏해야 예수가 패역한 세대에 의해 핍박 받았으나 하나님에 의해 높여진 엘리야 같은 참 선지자였다는 정도의 생각을 하게 했지, 그가 메시아라는 생각을 하게 했을 수는 없기 때문입니다. 예수의 부활 자체만으로는 그가 메시아라는 신앙고백을 일으킬 수는 없는 것이었습니다.

오직 예수 스스로 자기가 하나님으로부터 보냄을 받아 그분의 종말의 구원 사역을 수행하는 분으로 가르쳤을 경우에만, 그리고 그러한 가르침이 그의 십자가에서의 죽음으로 인해 헛된 것 같았으나 하나님이 그를 부활시키심을 보고 그의 제자들이 '하나님이 과연 예수의 주장이 옳았음을 확인하셨구나'라고 깨닫게 되었을 경우에만 부활은 예수가 종말의 구원자, 곧 메시아임을 확인하는 효과를 가지게 됩니다. 그렇기 때문에 오늘날 우리에게 중요한 것은 예수가 과연 자신에 대해 어떻게 가르쳤는가, 그리고 어떤 구원을 가져온다고 주장했는가를 정확히 파악하는 것입니다.

자기 목숨을 대속물로 내어주어 죄인들을
의로운 하나님의 백성으로 창조하기 위해 오신 예수

이 질문들에 대한 가장 명료한 대답은 마가복음 10장 45절에서 찾아볼 수 있습니다. "인자가 온 것은 섬김을 받으려 함이 아니라 도리어 섬기려 하고 자기 목숨을 많은 사람의 대속물로 주려 함이니라." 이 한 구절의 말씀 안에 예수의 자기 이해와 자기 사역에 대한 이해가 잘 요약되어 있습니다. 이 본문은 하나님 나라의 구원을 약속한 예수가 왜 자신의 죽음을 통해서 그 구원이 이루어진다고 했는지도 잘 가르쳐 줍니다.

이 말씀은 구약의 두 예언들을 반영하고 있습니다. 다니엘 7:9−28과 이사야 53장입니다. "인자"(人子)라고 번역된 것은 다니엘서를 반영하고, "자기 목숨을 많은 사람의 대속물로 주려 왔다"는 말은 이사야서를 반영한 것입니다. 우리말로 '사람의 아들', '인자'(人子)라고 번역된 것은 그 뜻이 무엇인지 이해하기 어렵습니다. 정확한 번역은 "그 '사람의 아들'"입니다.

예수는 '주'(主), '그리스도', '하나님의 아들' 등을 자기 칭호로 쓰지 않았습니다. 사람들이 그런 칭호들을 사용하여 예수님에게 신앙고백을 하면 그런 신앙고백들을 받아들이기는 했지만, 자신을 지칭하여 그런 칭호들을 쓰지 않고, 항상 "그 '사람의 아들'"을 썼습니다. 가이사랴 빌립보에서 베드로가 예수께 "당신은 메시아(하나님의 아들)입니다"라고 고백했을 때 그 고백을 수용하면서도, 예수 자신은 스스로를 "그 '사람의 아들'"이라고 부르면서 자신의 메시아적 과업을 설명하는 것이 대표적인 예입니다(막 8:27-33; 마 16:13-23; 눅 9:18-22). 그러므로 예수가 독특하게 사용한 이 칭호가 무슨 뜻인지를 알아본다면, 우리는 예수가 스스로를 어떻게 생각했는지, 또한 예수 스스로가 가져온다고 주장한 구원이 어떤 것이었는지를 알 수 있을 것입니다. 그래서 신학자들 사이에서 이 칭호에 대한 연구가 19세기 말부터 굉장히 많이 이루어져 왔습니다.

예수는 다니엘 7:9-28에 나오는 한 "사람의 아들 같은
이"로서 그곳에 예언된 종말의 구원을 이루시는 분이다

먼저 '인자'라는 칭호에 대한 대표적인 오해를 제거하는 것이 필요합니다. 첫 번째, '하나님의 아들'이란 칭호가 예수의 신성을 드러내는 반면, '인자'라는 칭호는 그의 인성을 드러

내는 칭호라는 것이 전통적인 이해이고 오늘날도 더러 유통되는데, 이 견해는 잘못된 것입니다. 기독교 역사상 고대 교회로부터 그렇게 가르쳐 오기는 했지만, 그 고대 교회의 구성원이 주로 헬라어나 라틴어를 썼기 때문에 '인자'라는 히브리어/아람어의 숙어적 표현을 이해하지 못하고 그것을 문자적으로 헬라어로 번역하고는 당시 그리스도의 인성과 신성에 대한 기독론적 토론의 틀에 맞추어 그런 잘못된 이해를 가르쳤던 것입니다.

'인자'라는 칭호에 대한 두 번째 오해는 19세기 말부터 유행했는데, 이 칭호가 유대 문서들, 특히 묵시문학에서 유행하던 메시아에 대한 칭호들 가운데 하나였다는 주장입니다. 요즘도 어떤 사람들은 예수가 스스로를 '인자'라고 불렀을 때, 자기가 곧 메시아임을 밝힌 것이었다고 주장하는 책들을 펴내기도 하는데, 그렇지 않습니다. 왜냐하면 예수 시대에 이말은 어떤 칭호로 쓰인 경우가 없었기 때문입니다.

유대 문서들에 '사람의 아들'이라는 표현이 더러 나오기는 합니다. 시편 8편에도 나오고, 에스겔서에도 여러 번 나옵니다. 제1에녹서라는 묵시문학에도 나옵니다. 그러나 그 말은 어떤 칭호가 아니고 '(한) 사람'이라는 뜻의 히브리어나 아람어의 숙어적 표현입니다. 예수 당시 말하는 사람이 자기를 지칭해서 "사람의 아들"이라 일컬었을 때, 그것은 단순히 '나 같은 사람' 또는 '한 사람으로서의 나' 정도의 의미만 전달한 것이었습니다.

다니엘 7:13에도 "한 사람의 아들 같은 이"가 하나님께 나아갔다는 표현이 나오는데, 그것은 한 노인의 모습으로 나타나신 하나님("옛적부터 계신 이", 단 7:9)께 '한 사람같이 생긴 이'가 나아갔다는 말입니다. 여기서 '사람의 아들'이라는 말은 칭호가 아닙니다. 어떤 한 분이 나타났는데, 그분이 사람같이 생겼더라는 말입니다. 다니엘서의 이 부분은 아람어로 쓰여 있는데, 아람어 어법에 '사람의 아들'은 '인류 중의 하나', 즉 '한 사람'이라는 뜻입니다. 아람어 어법에 '소 한 마리'를 뜻하여 '소 떼(cattle)의 아들'이라 하는 것과 마찬가지입니다. 다니엘 7:13에서 "한 사람의 아들 같은 이"가 구름을 타고 왔다는 묘사에서 우리는 그분이 신적(神的) 존재라는 것을 알 수 있습니다. 왜냐하면 구약과 유대 문서들에서 구름은 오직 하나님이 나타나실 때(theophany) 그분의 운반체로 나타나기 때문입니다. 천사가 출현할 때도 구름을 타고 나타났다는 말은 하지 않습니다. 구름이 나타나는 현상은 하나님이 나타나시는 현상입니다. 따라서 다니엘서 문맥을 보면, 구름을 타고 오는 "한 사람의 아들 같은 이"라는 것은 그분이 하나님과 더불어 또 하나의 신적(神的) 존재였는데, 그분이 사람의 모습을 가졌더라는 의미입니다.

주전 168년경에 쓰인 다니엘 7장에서 다니엘은 꿈에 하나님의 환상을 보는데, 첫 부분 즉 1-8절에서는 흉측한 네 짐승들이 차례로 일어나는 것을 보았습니다. 그것은 각각 이스라엘을 포함한 중동 세계를 제패하며 무자비한 통치를 한 아시리아, 바빌로니아, 페르시아, 그리고 알렉산더의 마게도니아-그리스 제국과 그 후계 왕국들을 상징합니다.

다니엘 7:9-14은 그런 이방 제국들의 잔인한 통치 끝에 하나님이 드디어 오셔서 그들을 심판하여 멸망시키고 자신의 구원 통치를 시행하시어 그들에게 오랫동안 시달린 자기 백성 이스라엘을 구원하시리라는 계시입니다. 9절에 있는 하나님의 나타나심(theophany)의 장면에서 먼저 유의할 것은 다니엘이 "왕좌들"(복수)이 놓인 것을 보았다는 것입니다(우리말에 단수, 복수를 정확히 구분하여 쓰는 습관이 없어서 한역성경들에는 대개 그냥 "왕좌"라고 쓰여 있음). 그 말은 "옛적부터 계신 이"라고 호칭되신, 노인의 모습으로 나타나신 하나님이 그 "왕좌들" 중 하나에 정좌하시고 마지막 뿔 난 짐승(알렉산더의 후계 왕국들의 하나였던, 당시 이스라엘에 무자비한 통치를 하며 유대교를 말살하려 했던 셀루키드 왕조를 지칭함)을 멸망시키신 후, "한 사람같이 생긴" 또 하나의 신적 존재가 구름을 타고 하나님께 나아가서 하나님의 옆 "왕좌"에 등극하였다는 것을 시사하고 있습니다. 그때 하나님께서 이분에게 자신의 "권세와 영광과 나라"를 하사하시고 자신의 우편 "왕좌"에 앉게 하셨다는 말입니다. 이렇게 다니엘 7:9-14은 "한 사람 같은 이"의 등극 식입니다. 이 그림은 중동의 제국들에서 왕이 자신의 아들을 자기 옆(주로 우편)에 앉히고 자신의 위엄과 대권을 주어 자기를 대신하여 자기 백성을 통치하게 한 관습을 반영한 것입니다(시 110:1 참조). 그러니까 다니엘이 본 환상은 종말에 하나님이 오시는데, 그분이 '한 사람같이 생긴' 신적 존재에게 자신의 위엄과 대권을 주어 온 세상을 통치하고 자신의 백성 이스라엘을 구원하게 하시리라는 내용을 담고 있는 것이었습니다. 다시 말해, "한 사람같이 생긴" 신적 존재는 하나님의 대권을 위임받은 존재이므로, 구약의 숙어대로 말하자면 하나님 '아버지'의 왕권/통치권을 '상속'받는 하나님의 '아들'입니다(이 신현현[theophany]의 그림은 하나님의 초월과 내재를 동시에 천명하기 위해 묵시문학에서 점진적으로 발전하는 이위일체론적 신인식을 나타내는 것으로서, 하나님의 아들 예수 그리스도의 계시와 구원 사건 이후 신약에서 삼위일체론으로 완성되는 것임. 이 명제는 기독교 신앙의 핵심을 이루는 것이나, 많은 설명을 요하여서 이곳에서는 토론을 생략함).

이 환상들을 본 다니엘이 그 뜻을 몰라 헤맬 때 한 천사가 와서 그에게 그들의 뜻을 해석해 줍니다(15-28절). 세 번 되풀이된 그 설명의 요지는 하나님의 백성 이스라엘이 이방 열국의 잔인한 통치로 엄청난 고난을 당할 것이나 하나님이 오셔서 그 열국들을 쳐 없애고 자기와의 언약에 끝까지 신실한 '남은 자들'("지극히 높으신 이의 성도들")에게 "나라와 권세"를 주어 온 세상을 통치하게 하리라는 것입니다(18절, 22절, 27절).

다니엘 7:13-14의 환상에서는 "한 사람의 아들 같은 이"가 하나님으로부터 "권세와 영광과 나라"를 받는데, 그것의 해석은 "지극히 높으신 이의 성도들", 즉 하나님의 백성이 하나님으로부터 "나라와 권세"를 받는다는 것입니다(단 7:18, 22, 27). 이러한 해석으로 다니엘서는 "한 사람의 아들 같은" 모습으로 나타나 하나님 나라와 통치권을 받는 하나님의 아들이 하나님 백성의 '족장적 대표'(독일어로 Stammvater) 또는

'내포적 대표'(inclusive representative)요 상징으로서 "지극히 높으신 이의 성도들"로 하여금 하나님의 나라에 참여하게 하고, 자신의 온 세상에 대한 통치에 참여하여 함께 왕 노릇 하게 하는 분이라는 뜻입니다. 이 해석도 많은 설명이 필요한데, 여기서 그 설명을 할 수는 없는 노릇이므로, 이스라엘 민족의 조상(Stammvater)인 야곱−이스라엘이 자신 안에 그의 씨들, 모든 후손들을 내포하고 있었다는 구약과 유대교의 사상, 그리하여 하나님과의 관계에서 야곱−이스라엘이 이스라엘 민족의 운명을 결정했다/한다는 사상의 한 종말론적 표현이라는 것만 말해둡니다(큰 나무의 원 줄기[독어 Stamm/영어 stem, trunk]와 그것에서 나와 그것에 의해 지탱되는 가지들과 잎사귀들의 관계가 하나의 비유가 될 것임).

다니엘 7장의 이 계시는 주전 168년경 당시 유다를 지배하고 있었던 셀루키드(Seleucid) 왕국의 안티오코스 4세(Antiochus IV)가 끔찍한 핍박으로 유대교를 폐하고 유대인들을 완전히 헬라화하려는 정책에 많은 유대인이 절망하여 항복하고야마는 위기의 상황에서, 다니엘서의 저자가 유대인들 중 죽음을 무릅쓰고 하나님의 언약에 신실하고자 하는 남은 자들, "지혜로운 자들"에게 그 언약에 근거하여 하나님이 곧 세상을 심판하시고, 그의 신실한 백성인 "지극히 높으신 분의 성도들"을 구원하시리라는 하나님의 구원 계획을 선포한 것입니다. 즉 하나님이 자신의 대권을 위임받아 대행하는 자신의 아들을 통해 그들로 하여금 자신의 세상에 대한 통치에 동참하게 하는 구원이 임박했으니, 끝까지 안티오코스 4세의 헬라화 정책에 굴복하지 말고 야훼 하나님과의 언약에 신실하라는 설교였습니다.

앞서 말한 구약과 유대교의 문서들에는 '사람의 아들'이라는 문구가 정관사나 그것에 상응하는 지시어 없이 나옵니다. 그런데 예수는 항상 '사람의 아들'이라는 말에 '그'라는 정관사를 붙인 표현, 즉 "그 사람의 아들"로 자신을 지칭합니다. 그래서 저는 1983년 독일에서, 그리고 1985년 미국에서 출판된 제 책 *The 'Son of Man'" as the Son of God*(『그 '사람의 아들'—하나님의 아들』[두란노, 2012])에서 그 정관사가 예수의 자기 칭호의 의미를 파악하는 열쇠라고 주장하게 된 것입니다. 예수는 '그'라는 관사를 덧붙여 "사람의 아들"을 비로소 하나의 칭호로 만들어서 그것으로 자기를 지칭했습니다.

'사람의 아들'은 예수가 분명히 다니엘 7:13에서 인용한 문구이므로 따옴표를 붙여서 써야 하고, 그것에 '그'라는 정관사를 덧붙여서 자기 칭호를 만들었으니, 우리는 그 칭호를 이중 따옴표를 써서 표현해야 옳습니다: "그 '사람의 아들'", 그리고 그것을 읽을 때는 "그"에 힘을 주어 읽는 것이 좋겠습니다. 이 자기 칭호로써 예수는 자신이 다니엘 7:13에 나오는 바로 "그 '사람의 아들'"이라는 것, 자신이 다니엘 7:9-28에 나오는 하나님의 종말의 구원 계획을 성취하는 분임을 나타낸 것입니다. 예수는 그 칭호로 자신이 하나님의 대권을 위임(구약 숙어로 말하자면, '상속')받은 하나님의 아들로서 종말에 하나님의 신실한 백성("지극히 높으신 이의 성도들")을 창조하고 모아 하나님 나라의 구원을 받게 하는 분이라는 것을 은근히 주장한 것입니다. 예수가 흔히 비유로 가르치면서 "들을 귀 있는 자들은 들을지어다" 하신 것과 마찬가지로, 이 말이 다소 알쏭달쏭하게 들리지만 사실은 자신의 사명을 아주 정확히 표현하는 자기 칭호였습니다. 그러나 그의 제자들도 그 뜻을 선뜻 이해하지 못하여, 예수가 자신이 "그 '사람의 아들'"로서 죽음을 통해서 자신의 구원 사역을 이룬다고 가르칠 때 그 가르침에 줄곧 반발한 것입니다(예: 막 8:31-33).

"그 '사람의 아들'" 예수 자신을 대속 제물로 바침으로써 인류의 죄 문제를 해결하고 하나님 나라의 백성이 되게 한다

그러면 왜 예수는 자기가 하나님의 아들이라고 분명하게 가르치지 않았을까요? 예수 당시 메시아(종말의 구원을 가져오시는 분)를 지칭하는 여러 칭호들 중 하나가 '하나님의 아들'이었는데, 그 일반적인 이해와 관행은 사무엘하 7:12-14의 전통에서 비롯된 것이었습니다. 하나님이 선지자 나단을 보내 다윗왕에게 그의 사후 그의 "씨"를 일으켜 다윗의 왕좌에 앉히고 자신의 아들(하나님의 아들)로 선포하여 그로 하여금 자신의 백성(이스라엘)에 대한 자신의 통치를 대행하도록 하겠다, 그리하여 다윗 가문(왕조)을 세우겠고, 그 다윗의 씨/아들로 하여금 하나님의 집(성전)을 짓게 하겠다고 하셨습니다. 그 언약에 따라 다윗의 씨/아들 솔로몬이 다윗의 왕위에 올라 다윗 왕조를 세우고 하나님의 집 성전을 지었으며, 대대로 다윗의 씨/아들이 "너는 나의 아들이다"(즉 하나님의 대권을 상속받아 하나님의 백성을 통치하는 왕이다)라는 선포(예: 시 2:7)와 함께 등극식이 일어난 것입니다. 그러나 바빌로니아의 침공으로 다

윗 왕조가 멸망하고 성전도 파괴된 상황에서, 유대인들은 하나님이 나단을 통해 주신 언약에 따라 다시 한 번 "다윗의 씨", "다윗의 아들"을 일으켜 다윗 왕조를 재건하고 성전을 재건하여 유대 민족에게 태평성대를 가져오게 하시리라 기대했습니다. 이것이 유대교의 메시아 대망의 가장 중요한 뿌리입니다.

그래서 예수가 자신의 세례 때 하나님의 영으로 '기름부음'을 받고 "너는 내 아들이라"(시 2:7)는 하나님의 선포를 받아 하나님의 대권(통치권)을 대행하는 메시아로 세움 받음이 일어난 것입니다(막 1:11-12). 그리하여 예수가 하나님 나라를 선포하며 하나님의 구원의 힘을 치유로 시위하며 사람들로 하여금 죄를 회개하고(즉 사탄의 통치를 받아 죄를 짓고 죽음/고난을 받는 삶을 청산하고) 하나님 나라로 들어오라(하나님의 구원의 통치를 받으라)고 선포한 것입니다. 그러기에 예수의 메시아적 자기 이해에 사무엘하 7:12-14에서 유래하는 메시아 사상이 근본적으로 중요한 한 요인이었습니다.

그럼에도 불구하고 예수는 그 사상을 나타내는 "다윗의 씨", "다윗의 아들", "하나님의 아들" 등의 칭호로 자신을 지칭하는 것을 피했습니다. 그것은 바빌로니아의 침공 후 오랫동안 이방 제국들의 혹독한 통치를 받으면서 유대인들 간에 그런 칭호들이 다윗과 같은 군사적, 정치적 메시아의 의미를 강하게 띠게 되었기 때문이었습니다. 예수 당시 로마의 지배 아래 있었던 유대인들이 군사적 해방자/정복자로서의 다윗적 메시아를 대망한 것은 너무나 당연했습니다. 그러나 그런 기대와는 달리 예수는 그런 식의 메시아가 되고자 한 것이 아니었습니다. 군사적으로 강한 다윗 왕조를 재건하여 로마를 무너뜨리고 이스라엘이 온 세상을 지배하는 나라가 되게 하는 것은 로마와 이스라엘의 치자―피치자의 관계를 뒤집어 이스라엘이 온 세상을 통치하고 온 세상이 이스라엘에게 굴종하는 것입니다. 예수는 그런 치자―피치자 관계의 죄악과 고난이 이 세상에 지속되게 하는 것이 하나님이 이스라엘을 자기 백성으로 삼은 의도도 아니요 자신을 하나님의 아들로 소명한 의도도 아니라고 본 것입니다. 하나님이 아브라함을 부르신 것은 그와 그의 자손에게 복 주시어 열방에 하나님의 복을 전달하는 자들이 되게 하시기 위함 아니었습니까? (창 12:2-3; 22:15-18) 그래서 이사야는 그의 이른바 "종의 노래들"에서 하나님이 이스라엘을 자신의 종으로 부르신 것은 그들로 하여금 열방에 빛(하나님을 아는 지식)과 구원의 전달자가 되도록 하기 위해서였다고 하지 않았습니까?(사 42:6; 49:6)

예수는 이런 정신을 이어받아 자신을 이스라엘과 온 인류의 죄를 씻는 속죄제사로 바쳐 그들의 근본 문제, 아담적 죄 문제를 해결하여 그들이 창조주 하나님과 올바른 관계에로 회복되도록, 그리하여 하나님 나라의 구원을 얻게 하는 것이 자신의 메시아(종말의 구원자)적 소명이라고 이해한 것입니다. 다니엘도 당시 시리아의 안티오코스 4세의 학정 아래에서 이스라엘이 "한 사람의 아들 모습으로 나타난" 하나님의 아들을 통하여 하나님 나라에 참여할 뿐 아니라 열방에 원수 갚고 그들을 통치하는 꿈을 꾸었는데, 예수는 그 예언에서 자신이 성취해야 할 하나님의 구원 계획을 터득하였음에도 불구하고, 이스라엘의 민족주의를 배격하고 "동과 서에서"(즉 온 세상에서) 열방이 하나님 나라에 들어와 이스라엘의 조상들과 함께 하나님의 잔칫상에 앉게 되는 하나님 나라의 비전을 가지고 하나님 나라의 복음을 선포한 것입니다(마 8:11-12). 그래서 예수는 세례 때 다윗적 메시아인 하나님의 아들로 하나님의 소명을 받은 후 나사렛 회당에서 행한 그의 첫 설교에서 이사야 61:1-2과 58:6의 본문을 인용하여 자신의 해방과 치유의 복음을 선포하면서도 이사야 61:2에 포함된 열방에 대한 원수갚음 구절만은 **빼버린** 것입니다(눅 4:18-19). 예수는 아브라함의 자손 유대 민족에서 시작하여 종국에는 온 인류를 하나님의 나라로 불러 하나님의 백성이 되게 하기 위해서 오신 메시아입니다.

　예수는 자신의 이러한 메시아적 소명의 뜻을 세례 때 울려 퍼진 하나님의 선포, "너는 내 *사랑하는 아들*이다"에서 얻은 것입니다(막 1:11–12). 그 선포를 예수는 시편 2:7("너는 내 아들이라")과 함께, 이사야 42–53장에 나오는 이른바 "주의 종의 노래들"(42:1–9; 49:1–6; 50:4–11; 52:13–53:12)의 첫 노래의 시작인 42:1(하나님의 "사랑하는 아들/종")에 의거하여 해석함으로써, 자신이 유대인들이 종말에 오리라 기대했던 다윗의 아들/하나님의 아들로서(삼하 7:12–14; 시 2:7) 메시아이되, 민족주의적이고 군림하는 이스라엘 및 온 세상의 왕이 되라는 것이 아니라, 원래 하나님의 "사랑하는 아들/종"으로 부름 받은 이스라엘의 사명을 그들의 대표로서 성취하는 하나님의 아들/메시아가 되라는 것임을 깨달았습니다.

　구약에서는 이스라엘이 하나님의 백성이었고 그러기에 그들은 하나님의 아들(들)이라고 불렸습니다(예: 출 4:22). 이것은 그들이 하나님의 은혜의 언약에 의해 하나님께 의지하고 순종하며 살아야 하는 관계를 가진 백성임을 말합니다. 그러나 이스라엘은 하나님께 항상 불순종하여 언약의 관계를 파기하기에 이르렀고, 바빌로니아에 노예로 끌려가기도 하였으며, 그 후에도 계속 이방인들의 통치를 받게 되었습니다. 그리하여 하나님은 예레미야, 에스겔 같은 선지자들을 통해 이스라엘과 새 언약을 맺으시고, 또는 그들에게 새로운 심장과 새로운 영을 주시어 하나님의 새로운 백성으로 만들 것을 선언하시고(렘 31:31-34; 겔 36:26-27), 다니엘의 환상을 통하여 "한 사람의 아들 같은 이"로 나타나는 자기 아들로 말미암아 종말에 하나님의 언약에 신실한 참 하나님의 백성("지극히 높으신 이의 성도들")을 창조하여 그들로 하여금 자기의 자녀들이 되게 하겠다고 약속하신 것입니다.

예수님은 자기가 바로 그 약속을 성취하도록 소명된 하나님의 아들임을 깨닫고 하나님 나라의 복음을 선포하여 하나님께 진정으로 의지하고 순종할 하나님의 백성, 곧 자기를 따라 하나님을 "아빠"라 부르며 하나님께 전적으로 의지하고 순종할 하나님의 자녀들을 모았습니다. 그리고 궁극적으로는 "주의 종의 노래들"의 예언에 따라 자신을 이스라엘과 온 인류의 죄를 씻고 죗값을 치르는 대속의 제사(사 53:10-12)로, 그리고 그들을 하나님의 종말 백성으로 만드는 (새) 언약의 제사(사 42:6; 49:6; 렘 31:31-34)로 바침으로써 그들이 하나님과 올바른 관계에로 회복되어(즉 하나님 나라의 의로운 백성이되어) 하나님의 구원을 받도록 하는 메시아가 되어야 함을 깨달은 것입니다.

이것이 예수가 다니엘 7장에서 얻은 하나님의 구원 계획(즉 종말에 하나님의 통치권을 위임/상속받아 대행하는 "그 '사람의 아들'"/하나님의 아들로서 하나님의 종말 백성["지극히 높으신 이의 성도들"]을 창조하여 하나님의 나라에 참여하고 구원을 얻도록 하는 것)을 실현하는 그의 메시아적 사역이었습니다. 그러기에 예수는 자신의 메시아적 구원 사역을 다니엘 7:13-28의 내용을 가리키는 "그 '사람의 아들'"과 이사야 53:10-12에서 따온 "자기 목숨을 많은 사람들을 위한 대속물로 주기"를 합성하여 이렇게 한마디로 요약 표현한 것입니다: "그 '사람의 아들'[= 시 2:7의 "하나님의 아들"]은 [유대인들과 그의 제자들이 원하는 대로 세상의 왕같이 군림하고, 막 10:42-44] 섬김을 받기 위해서가 아니고, 도리어 [이사야 42-53장에서 예언된 대로 종이 되어] 섬기려, 그리고 자기 목숨을 많은 사람들[이스라엘과 모든 민족들]을 구원하기 위한 대속물로 주기 위해 왔다"(막 10:45).

예수는 그 메시아적 구원 사역을 십자가의 죽음을 통해서 성취할 것이기에, 다가오는 자신의 십자가에서의 죽음의 의미를 그의 제자들에게 이스라엘의 출애굽 구원을 기념하는 유월절 만찬('최후의 만찬')에서 하나의 극(劇)으로 설명하였습니다(막 14:21-25/마 26:24-29; 눅 22:14-22): 즉 자신이 "그 '사람의 아들'"로서 패역한 이스라엘의 대표들에게 넘겨질 것인데, 자신의 살이 찢기고 피 흘리는 잔인한 죽음은 그의 제자들(그를 믿고 따르는 자들)에게는 떡과 포도주(생명을 주는 양식과 음료)가 되는데, 그 빨간 포도주로 상징되는 자신의 피 흘리는 죽음이 그들의 죄를 씻어버리고(사 53:12) 그들로 하여금 하나님을 의지하고 순종해 사는 그의 새 백성이 되게 하는 "(새) 언약"의 제사(렘 31:31-34; 사 42:6; 49:6)이기 때문이라는 것입니다.

"언약을 세움"은 하나님이 한 무리의 인간들을 선택하여 자신의 백성으로 만드시는 은혜의 행위입니다. 하나님은 시내산에서 이스라엘에게 언약을 주시어 "내가 너희의 하나님이고 너희는 나의 백성이라"고 선언하셨습니다. 즉 자신이 이스라엘의 하나님(그림으로 말하자면, 아비, 왕, 목자, 남편, 사령관)이 되어 그들을 보호하고 인도하며 복 주겠으니, 그들은 자신에게 의지하고 순종하며 살도록 하신 것입니다. 그런데 이스라엘은 하나님께 불순종하여 그 언약을 깨버렸습니다. 그러기에 하나님은 예수로 하여금 자신을 대속과 새 언약의 제사로 바쳐 속죄와 "새 언약" 세움이 일어나게 하신 것입니다. 그 속죄와 "새 언약"의 제사는 하나님께 진정으로 의지하고 순종하는 하나님의 의로운 새 백성을 창조하기 위함이었습니다. 그리하여 이스라엘과 열방이 드디어 아담적 숙명을 극복하고 창조주 하나님의 하나님 노릇 해주심을 덕입어 하나님의 생명(신적 생명, 곧 "영생")을 얻도록 하기 위함이었습니다.

예수는 자신의 바로 이와 같은 죽음을 통하여 하나님 나라의 구원을 얻는 하나님의 종말 백성을 창조하려 한 것입니다. 즉 다니엘 7장의 하나님의 구원 계획에 따라 하나님의 대권을 위임/상속받은 메시아 "그 '사람의 아들'"로서 이사야서에 예언된 "주의 종"의 역할을 감당함으로써 하나님 나라의 구원을 얻는 "지극히 높으신 이의 성도들"을 창조하려 한 것입니다. 그러기에 예수는 가이사랴 빌립보에서 제자들의 대표인 베드로로부터 "당신은 메시아입니다"라는 고백을 받은 후 최후의 만찬에 이르기까지 자신이 죽임당함으로써 "그 '사람의 아들'"의 구원을 이룰 것임을 되풀이하여 예고한 것입니다(막 8:31; 9:12, 31; 10:33; 14:21).

하나님의 구원은 예수의 죽음 안에서 일어났다

그런데 이제 예수가 십자가에 처형되는 사건이 일어났습니다. 예수의 제자들이 그것을 어떻게 보았겠습니까? 예수는 당시 유대교에서 "메시아"라는 칭호가 정치적–군사적 구원자로 이해되었기에 자신을 직접 그 칭호로 부르는 것을 피하면서도, 하나님을 독특하게 "아빠"라 부르며 하나님의 대권인 죄사함의 권세를 내세우면서(막 2:1–13) 하나님의 구원을 약속했습니다(마 11:25–30). 그리고 끝내는 하나님이 이스라엘의 불순종을 심판하시어 예루살렘 성전을 파괴할 것이라 예언하면서(막 13:1–2) 자신이 새로운 성전을 건축하리라 암시하기도 했습니다(막 11:27–12:12). 이에 유대 민족의 최고 사법기관인 산헤드린은 예수에게 사형 언도를 내렸습니다. 그의 죄목은 예루살렘 성전을 파괴하고 새로운 성전을 짓는 "하나님의 아들"이라고 주장하여 하나님을 모욕했다는 것이었습니다(막 14:53–65). 이 죄목은 유대교의 메시아 사상의 뿌리인 사무엘하 7:12–14에서 유래한 기대, 즉 종말의 구원자 메시아는 '다윗의 씨/아들'로서 그리고 하나님의 왕권을 대행하는 '하나님의 아들'로서 솔로몬이 그랬던 것처럼 (새) 성전을 건축하리라는 기대에 근거한 것이었는데, 예수가 자신이 바로 그 기대를 성취하는 자라 암시하면서 현재의 예루살렘 성전을 파괴하겠다고 주장했다는 것이었습니다. 산헤드린은 그러한 판결 후 예수가 이렇게 새 성전 짓는 메시아, '다윗의 아들', '이스라엘의 왕'이라고 주장했다는 죄목으로 로마 총독 빌라도에게 그를 넘겨 처형해 달라고 요청하였습니다.

유대 산헤드린이 예수를 직접 처형하기로 했다면, 예수가 거짓 선지자나 거짓 메시아로 이스라엘을 오도하고 하나님의 이름을 모욕했다는 죄로 신명기 17–18장의 법에 의거하여 돌로 쳐 죽일 수 있었을 것입니다. 그러나 그렇게 하면 당시 예수를 선지자나 메시아로 믿고 그를 추종하는 많은 유대인들이 이스라엘 역사에서 항상 그랬듯이 '패역한 세대가 또 하나의 참 선지자를 죽였구나' 하고 탄식하며 도리어 예수에 대한 신뢰가 더 커지고 그의 가르침은 더 퍼질 것이었습니다. 그러기에 예수가 메시아라 주장했다는 것을 자신들의 정치적 메시아 사상에 의거하여 다윗 왕조를 재건하는 "이스라엘의 왕"이라고 주장한 것으로 해석하여 로마 총독 빌라도에게 고소하기로 했습니다. 그렇게 하면 그는 틀림없이 예수를 정치적 반란자로 규정하고 로마 법에 따라 십자가에 못 박아 처형할 것이었기 때문이었습니다. 산헤드린이 노린 것은 온 유대 민족에게 예수가 하나님의 저주를 받고 죽은 거짓 메시아로 보이도록 하여 예수 운동을 완전히 종식시키려는 것이 었습니다. 왜냐하면 당시 유대인들은 신명기 21:23에 의거하여 "나무에 달려 죽은 자는 하나님의 저주를 받은 것"으로 이해하였기 때문에, 예수가 십자가에 달려 죽는 모습을 보면 모두 그 신명기 법에 따라 예수에게 환멸을 느끼게 될 것이기 때문입니다.

결국 빌라도는 십자가에 예수가 "유대인들의 왕"(INRI)이 라고 주장했다면서 그의 죄목을 써서 붙이고 그를 십자가에 못 박았습니다. 그래서 예수가 다윗 왕조를 재건하고 이스라 엘을 로마의 학정으로부터 구원할 왕 메시아가 될 것을 기대 하며 예수를 따랐던 그의 제자들도 환멸과 공포에 질려 다 도 망가 버린 것입니다.

그런데 그렇게 처형되고 무덤에 묻혔던 예수가 부활하여 그들 앞에 나타났습니다. 이 부활 사건은 우리에게 여러 가 지를 말해 줍니다. 죽어 생명이 끊어진 사람을 부활시키는 것은 생명의 창조주 하나님만 하실 수 있는 일입니다. 그러기에 예수의 부활은 신적 행위입니다. 그러므로 예수의 부활은 하나님이 '예수가 옳았다'고 선언한 행위였습니다. 예수가 하나님을 독특하게 "아빠"라 부르며 하나님 나라(통치)를 선포하면서 하나님의 구원의 대행자로서 행세한 것이나, 자신의 죽음이 죄인들을 하나님의 의로운 새 백성으로 만드는 대속과 새 언약의 제사라고 가르친 것을 하나님이 옳다고 확인하셨다는 말입니다.

부활로 인해 예수가 하나님의 아들로 확인되었다면, 예수의 십자가 죽음은 예수에 대한 하나님의 저주가 아니라, 예수 자신의 주장처럼 예수가 우리를 대신해 하나님의 심판/저주를 받고 죽은 것으로 확인될 수밖에 없습니다. 그리하여 제자들은 예수가 자기의 죄 때문에 십자가에서 하나님의 저주를 받으신 것이 아니라 우리를 우리의 죄로부터 속량하기 위해 대신해 돌아가셨다는 깨달음을 갖게 된 것입니다. 자기가 자기 목숨을 많은 사람들을 위한 대속물로 주러 왔다고 하신 말씀(막 10:45)과, 우리의 죄를 씻고 우리를 하나님의 새 백성 되게 하는 새 언약의 제사라고 하신 그의 최후의 만찬의 말씀(막 14:21-25)이 십자가에서 실현되었음을 제자들이 깨닫게 된 것입니다. 그래서 제자들은 "예수가 우리를 위해(우리의 죄를 위해) 죽었다", "예수의 죽음이 곧 우리를 위한 구원의 사건이었다". 그러므로 "예수가 메시아/그리스도(종말의 구원자, 종말의 구원을 이루신 분)다"라고 고백하고, 그것을 구원의 메시지(곧 복음)로 선포하게 된 것입니다.

이 세 사건들, 즉 예수의 가르침과 행적, 십자가에 달려 죽으심, 그리고 부활은 이와 같이 연결되어 있습니다. 그리고 예수의 죽음과 부활에 초점을 맞춘 복음이 이렇게 기원한 것입니다. 엄밀히 말하자면, 대속과 새 언약의 제사로서의 메시아/그리스도 예수의 죽음이 구원 사건의 초점이지만, 하나님이 그를 부활시킴으로써 그 제사를 확인하고 효력을 갖게 하셨기에, 그 둘은 함께 우리를 위한 하나님의 예수 그리스도를 통한 구원 사건으로 인식된 것입니다. 그래서 사도들은 복음을 "그리스도의 죽음과 부활"로 요약합니다(참조: 바울이 전해 받은 예루살렘 교회의 복음 선포 양식의 예들: 롬 4:25; 10:9; 고전 15:3-5; 살전 4:14).

여기서 우리는 "예수는 '하나님 나라'의 복음을 선포하였는데, 그의 사도들은 왜 '예수 그리스도의 죽음과 부활'의 복음을 선포하였는가"라는 흔한 질문에 대한 답도 얻게 됩니다. 우리가 앞서 본 바와 같이, 예수의 "하나님 나라" 복음 선포는 우리를 하나님의 통치를 받는 하나님의 백성 또는 자녀들로 만들어 구원(즉 상속과 잔치로 비유한 신적 충만, 영생)을 받도록 해주겠다고 약속하고, 그것을 받기 위해 죄를 회개하고 (즉 죄와 죽음으로 통치하는 사탄의 나라를 벗어나서) 하나님 나라로 들어오라(즉 지금 하나님의 통치를 받는 사람들이 되라)고 초대하는 성격을 띠는 것이었습니다(막 2:17 참조). 그런데 방금 살펴본 대로 예수 그리스도의 죽음은 우리의 죄를 씻는 대속의 제사요 우리를 하나님의 백성 되게 하는 언약의 제사였습니다. 그러므로 예수의 죽음은 사탄의 통치에 순종하고 산 우리의 죄를 사면해 주고 우리를 하나님 나라로 들어가 실제로 그의 의와 생명의 통치를 받는 하나님의 백성이 되게 만드는 사건이었습니다. 즉 예수의 죽음은 그가 하나님 나라의 복음을 선포하여 약속한 것을 성취하는 메시아적 구원 사역이었습니다. 그래서 사도들은 예수가 하나님 나라의 복음을 선포하여 우리를 하나님의 생명을 얻는 하나님의 백성으로 만들어 주겠다는 약속에 초점을 맞추는 선포를 하기보다는, 그 약속을 성취한 예수의 죽음과 부활의 사건에 초점을 맞추어 선포한 것입니다. 그리하여 신약성경에서 예수의 행적과 선포를 기

록한 복음서들(특히 공관복음서들, 마태, 마가, 누가)을 지나, 사도
들의 복음 선포와 가르침을 기록한 사도행전 이후의 책들에
이르면 "하나님 나라"라는 어구가 종종 나오되 드물고, 주로
예수 그리스도의 죽음과 부활이 우리를 위한 종말의 구원 사
건이었다고 선포하고, 그 복음을 믿어 그 구원을 덕입어 살
기를 권하며, 그렇게 그 복음을 믿는 자들은 어떻게 그 복음
에 합당하게 살아야 하는가를 가르치는 것으로 그 내용이 채
워져 있음을 보게 되는 것입니다.

그러나 이제 곧 보게 되겠지만, 사도 바울은 예수 그리스
도의 죽음과 부활의 복음을 믿어 얻는 구원을 "구속", "칭의",
"화해", "성화", "입양" 등의 언어들로 선포하는데, 그 그림언
어들이 궁극적으로 말하는 바는 사탄의 죄와 죽음의 통치에
서 해방되어 하나님과 올바른 관계에로 회복된, 하나님의 통
치를 받는, 하나님과 친하게 지내는, 하나님께 헌신된, 하나
님의 부요한 자원을 상속받는 하나님의 백성됨입니다. 그러
기에 사도들의 예수 그리스도의 죽음과 부활의 복음은 예수
의 하나님 나라의 복음과 별개의 것이 아니라, 예수의 하나님
나라 복음을 실현하는 복음입니다(그래서 예컨대 바울 서신들에
도 구약과 유대 문서들에 드물게 나오는 "하나님 나라"라는 어구가 11회

나 언급되어 있습니다).

예수 그리스도의 죽음과 부활의 복음의 유일성

예수 그리스도의 부활은 과학적으로 증명할 수 있는 사건이 아닙니다. 그것은 유비(비슷하여 비교할 만한 것)가 없는 사건입니다. 과학은 관찰할 수 있는 비슷하거나 되풀이되는 자연의 현상들이나 역사적 사실들을 분석하거나 실험하여 그것들의 실재를 증명하거나 부정합니다. 그러나 그리스도의 부활은 유일무이한 사건이어서 과학적 방법으로는 증명(verification)할 수도 없지만 부정(falsification)할 수도 없는 것입니다. 그렇다고 하여 그리스도인들이 그리스도의 부활을 맹목적으로 믿는 것은 아닙니다. 그것이 실증주의적 증명 방법으로는 증명되지 않을지라도, 그것을 사실로 믿을 만한 가능성(plausibility)은 있기 때문입니다. 그 가능성을 시사하는 정황 증거들은 몇 가지 있는데, 그중에서 제일 중요한 것이 그리스도의 죽음과 부활의 복음에 대한 신앙이 발생했다는 사실, 그것을 믿는 사람들의 공동체 교회가 발생했다는 사실입니다. 예수는 유대인들에게는 하나님의 저주를 받고 죽은 거짓 메시아로 판정되고, 로마 통치자들에게는 정치적 반란자로 처형된 분입니다. 그래서 신약의 복음서들은 심지어 그의 제자들까지도 환멸과 공포심 가운데 다 도망갔다고 증거하지 않습니까? 그런 상황 속에서 그의 제자들이 예수의 부활에 대한 확신이 없었다면 어떻게 하나님의 율법, 즉 신명기 21:23에 의거한 유대 당국의 명백한 판정을 뒤집고, 예수가 메시아라고 선포할 수 있었겠습니까? 더욱이 예수를 로마 황제에 대한 반란자로 판결하고 십자가에 못 박아 처형한 로마 통치자들에게는 예수가 "메시아/다윗적 왕", "하나님의 아들", "주"이시라는 선포가 그들의 황제의 칭호들로 예수를 부르는 것으로 들리고 가이사에 대한 반란 행위로 보일 텐데, 예수의 부활에 대한 확신이 없었다면 예수의 제자들이 어떻게 감히 그렇게 할 수 있었겠습니까? 이러한 질문들에 예수를 장사한 지 며칠 후 제자들이 그의 무덤이 비어 있음을 보았다는 증언이 힘을 실어 줍니다. 원래 예수가 하나님의 저주를 받고 죽은 것으로 확신하고 예수의 추종자들을 핍박했던 바울이 부활한 예수를 본 증인들이 500명이 넘는다고 한 말(고전 15:5-6)도 그냥 무시할 수는 없습니다. 그러기에 저는 예수의 부활은 역사와 신앙의 경계선에 있는 사건이라고 봅니다. 역사적 정황 증거들은 부활의 실증적 증거로 인정되기에는 부족하지만, 그럼에도 불구하고 그 사건이 일어났을 법한(plausible) 것으로 보이게 하여 다분히 합리성을 띤 "믿음직한" 믿음(reasonable faith)을 유발시킬 수는 있다고 봅니다(사실 이러한 믿음이 바른 믿음입니다. 반면에 아무런 합리성을 갖추지 못한 맹목적인 믿음은 미신이고, 완전히 합리주의적인 믿음, 즉 인간의 이성에 의해서 완전히 파악되는 대상을 믿는 믿음은 구원의 힘이 없습니다. 그런 대상은 초월성을 결여한 내재적인 것이기 때문입니다). 그리하여 우리가 예수의 제자들의 증거를 받아들여 그리스도를 믿게 되면 바로 그 믿음이 우리로 하여금 통합적인 세계관, 올바른 삶의 자세, 그리고 종말론적 소망(새 창조와 우리의 구원의 완성에 대한 소망)을 갖게 하는 것을 알게 되어 우리의 믿음이 전반적으로 더욱 견고해지는데, 그때 우리는 우리 믿음의 반석인 그리스도의 부활에 대해서도 더 큰 확신을 갖게 된다고 봅니다.

앞에서 우리는 예수 그리스도의 부활은 생명이 없어진 상태에서 생명을 새로이 창조한 사건이기에 창조주 하나님의 사건, 신적 사건이라고 설명했습니다. 그러기에 예수 그리스도의 부활은 하나님(신)이 자기의 존재하심을 명백하게 드러내시고, 자신이 생명의 창조주라는 사실을 알린 계시의 사건이기도 합니다. 그래서 그리스도인들이 하나님(신)이 계시고 만물이 그의 창조물들이라고 믿는 궁극적인 근거는 창세기 1장의 기술이 아니라, 예수 그리스도의 부활인 것이고(롬 4:17 참조), 전자는 후자에 의해 비로소 뒷받침되어 신뢰를 얻게 되는 것입니다.

그런데 예수 그리스도의 부활 자체만이 아니라, 그 부활의 관점에서 보면 예수의 죽음도 신적 사건임을 깨닫게 됩니다. 예수는 하나님의 영을 받은 하나님의 아들/종으로서 하나님의 부르심을 받아 하나님 아버지의 뜻을 좇아 만민을 위해 자신이 대속과 새 언약의 제사로 바쳐질 것이라고 가르치며 십자가의 죽음에 넘겨졌는데, 하나님이 그를 부활시킴으로써 그가 옳다고 확인해 주셨기 때문입니다. 그래서 예루살렘 교회의 사도들은 예수의 부활뿐 아니라 그의 죽음도 신적 수동형(神的 受動形)을 써서 선포한 것입니다(예: 롬 4:25: "[예수 우리 주는] 우리의 범죄 행위들을 위하여 죽음에 *넘겨졌고* 우리의 칭의를 위하여 *일으켜졌다*"; 즉 하나님이 그를 죽음에 넘겨주시고 죽은 자들 가운데서 일으켜 주셨다). 그리고 하나님이 자신의 아들 예수 그리스도를 대속과 새 언약의 제사로 십자가의 죽음에 넘겨주셨는데, 이는 우리를 사랑하셔서 우리를 구원하시기 위해서 그렇게 하신 것임을 강조하기 위해 이른바 "넘겨주심/내어주심의 형식"(the giving-up formula)으로 그리스도의 죽음의 복음을 선포하기도 한 것입니다(예: 롬 8:32: "[하나님은] 자신의 아들을 아끼시지 않고 우리 모두를 위하여 넘겨주셨다"; 요 3:16: "하나님이 세상을 이처럼 사랑하사 독생자를 주셨으니, 이는 그를 믿는 자마다 멸망치 않고 영생을 얻도록 하기 위해서였다").

또 사도들은 그리스도의 부활의 관점에서 자신이 하나님으로부터 부름/보냄 받은 하나님의 사자임을 밝히면서 자신이 하는 하나님 나라의 복음 선포와 죄 용서와 치유 행위는 자신이 소명 받을 때 받은 하나님의 영의 힘으로 하나님의 구원 사역을 이 땅에서 이행하는 것이라고 한 예수의 주장(예: 마 12:22-28)도 하나님에 의해서 옳다고 확인된 것으로 보게 되었습니다. 그래서 제자들은 예수의 십자가의 죽음과 마찬가지로 예수의 땅 위에서의 사역도 하나님(의 영)이 자신의 아들 예수를 통해 하신 것으로 이해하게 된 것입니다. 이리하여 사도들은 그리스도의 사역과 죽음이 궁극적으로는 초월의 하나님의 내재적 구원의 행위이며 하나님의 인류에 대한 사랑의 계시임을 선포했습니다. 그러기에 요한일서 4:16은 아예 "하나님은 사랑이다"라고 선포하는 것입니다.

그러므로 예수 그리스도의 부활이 기독교 신앙을 모든 다른 종교들로부터 구별되게 하는 근본적인 요인입니다. 모든 종교는 인간이 지혜/지식을 쌓아(得道하여), 또는 선행(業)을 쌓아 구원을 스스로 얻는 것으로 가르칩니다. 초월의 신을 믿지 않는 힌두교와 힌두교의 개혁판이라 볼 수 있는 불교는 물론이고, 심지어 초월의 신을 믿고 그의 계시의 종교라고 주장하는 유대교나 이슬람교도 결국 인간이 계시된 신의 율법들을 철저히 지켜(선행으로) 구원을 얻는다고 가르칩니다. 그러니까 인간이 결국 자기의 능력으로 스스로를 구원한다는 자력구원론을 가르치는 것입니다. 헬라 철학이 그랬듯이, 현대의 무신론적 철학이나 과학 신봉자들도 결국 인간이 지혜/지식을 개발하여 인간과 세상의 문제들을 해결할 수 있다고 보는 것입니다. 그러니까 그런 종교들이나 철학들은 모두 궁극적으로 인본주의적 사상들입니다. 그러나 앞서 살펴본 대로 유한한 인간이 자신들의 제한된 자원(지혜, 능력, 선행)으로 그 유한성 때문에 생기는 문제들을 다 해결할 수 있겠습니까? 할 수 없습니다. 인간과 세상의 구원은 그것들을 창조하신 초월의(우주보다 크시고 우주 밖에 계시는) 하나님, 무한의 하나님으로부터 올 수밖에 없습니다. 이슬람교도들도 초월하며 전능한 신 알라의 구원을 믿는다지만, 그 신은 하늘 꼭대기에 고고히 앉아서 그가 창조한 인간들이 이미 그가 정한 이치에 맞게 살고 그가 계시한 율법들을 지킴(선행)으로 하늘에 올라오면 구원의 보상을 준다는 것이지 스스로 이 땅에 내재하며 인간들을 구원하는 활동을 하지 않습니다. 그러니까 초월하여 인간과 세상을 구원할 수 있는 신이 있다 해도 그 신이 이 땅에 동시에 내재하며 그의 사랑으로 구원 행위를 실제로 하지 않는다면(이 말을 정확한 신학적 언어로 말하면, 즉 삼위일체적 신이 아니면), 인간은 자력으로 자신들의 구원을 이루어야 하는 불가능한 상황에 놓이게 되는 것입니다. 그런데 그리스도의 부활은 예수 그리스도의 하나님 나라의 복음 선포 사역과 십자가에서의 죽음이 초월의 하나님이 인류를 사랑하셔서 이 땅 위에서 자신의 아들과 자신의 영으로 함께하시며(즉 내재하시며) 이루신 구원의 사건이었음을 확인한 것입니다.

그러기에 그리스도의 복음은 예수 그리스도 안에서 초월의 하나님의 구원(진정한 신적 구원)이 일어났음을 알리는 기쁜 소식으로서, 그것을 믿는 기독교는 궁극적으로 인본주의적 성격을 가진 모든 타 종교들이나 철학 사상들과는 비교할 수 없는 유일성을 가졌습니다. 또 그러기에, 일찍이 사도 바울이 웅변하였듯이, 십자가에 못 박힌 그리스도의 복음은 유대인들에게는 거침돌이 되고 헬라인들에게는 어리석은 헛소리이겠지만, 그것을 믿는 자들에게는 신적 구원을 주는, 인간의 지혜로는 상상할 수도 없는 하나님의 오묘한 지혜요 능력인 것입니다(고전 1:18, 23-24). 그리하여 사도 베드로도 "천하에 예수 그리스도의 이름 외에는 어떤 누구의 이름으로도 구원받을 수 없다"고 선포한 것입니다(행 4:12).

4. 예수의 구속적 죽음에 대한 해석의
성경적 범주들

　지금까지 우리는 예수 그리스도의 하나님 나라 복음 선포와 죽음과 부활을 통하여 어떻게 하나님의 구원이 이루어졌는가를 살펴보았습니다. 이제 이 구원의 기쁜 소식(복음)을 세상에 선포하도록 주 예수 그리스도의 사자로 임명되어 파송된 그의 제자들이 그 복음을, 그중 그것의 핵심인 그리스도의 죽음을 어떻게 선포하였는가를 살펴보겠습니다. 신약성경에는 서로 겹치기도 하지만 다르기도 한 다양한 선포 방법들이 제시되어 있습니다. 네 복음서의 방법도 있고, 히브리서의 방법도 있으며, 요한계시록의 방법도 있습니다. 그러나 사도 바울이 가장 명료한 방법을 제시하기에, 역사적으로 그의 방법이 가장 큰 영향력을 행사해 왔습니다.

바울은 근본적으로 두 개의 그림언어들(metaphor)을 사용하여 우리의 구원(salvation)을 이룩한 그리스도의 죽음의 의미를 설명합니다: 제사와 구속.

제사(祭祀, sacrifice)

이 그림언어는 구약성경에 제시된 제사 제도, 예루살렘 성전에서 행해진 제사 행위를 배경으로 한 것입니다. 옛 이스라엘의 예루살렘 성전의 지성소에는 언약궤가 놓여 있었는데, 그 궤의 뚜껑을 하나님의 어좌로 보고 그곳에서 하나님의 죄용서의 자비가 베풀어진다고 봐서 그것을 '자비석' 또는 '시은좌'라 불렀습니다. 그리고 레위기 16장의 율법에 따라 1년에 한 번씩 '속죄의 날'(Day of Atonement)에 대제사장이 지성소에 들어가서 언약궤와 그 주위에 희생제물의 피를 뿌림으로써 이스라엘 백성이 지난 한 해 동안 지은 죄를 씻김 받고 하나님의 용서를 받았습니다. 그러나 주전 6세기 초에 바빌로니아가 침공하여 성전을 파괴하였는데, 그때 지성소의 언약궤는 상실되었고 많은 유대인이 바빌로니아에 노예로 끌

려갔습니다. 약 50년 후 바빌로니아를 멸망시킨 페르시아의 왕 고레스가 유대인들을 해방하여 유대 땅으로 돌아가게 하고 성전을 새로 건축하게 했지만, 그 두 번째 성전의 지성소에는 언약궤가 없었습니다. 그 후 주전 20년경부터 헤롯 왕이 성전을 크고 화려하게 증축하였는데, 물론 그 성전의 지성소에도 언약궤는 없었습니다. 그래도 주후 70년에 그 성전이 로마의 군대에 의해서 완전히 파괴되기까지 유대인들은 성전의 지성소에 언약궤가 있는 것으로 간주하고, 레위기 16장의 율법에 따라 매년 '속죄의 날'에 속죄제사를 드리는 관행을 계속했습니다.

바울이나 히브리서의 저자는 구약의 이 속죄제사를 통한 속죄를 예수 그리스도의 십자가에서 완성될 종말론적 구원에 대한 모형 또는 그림자로 보았습니다. 따라서 그들은 예수의 십자가에서의 대속적 죽음을 구약의 그 속죄제사 그림을 통하여 설명하였습니다. 제사에는 두 가지 기능이 있습니다. 하나는 죄를 씻거나 덮어버리는 것(expiation, atonement)입니다. 십자가에서 예수의 피흘림이 인간의 죄를 씻어버리거나 덮어버리는 제사여서 하나님이 우리를 더 이상 죄인들로 보시지 않도록 했다는 것입니다. 또 하나는 우리의 죄에 대한 하나님의 진노를 풀어버리는 것(propitiation)입니다. 예수의 십자가에서의 피흘림이 우리의 죄에 대한 하나님의 진노를 우리 대신 받음이어서 우리에 대한 하나님의 진노를 풀어버렸다는 것입니다. 예수가 십자가에서 죽으심으로 우리 죄에 대한 하나님의 저주를 대신 받은 것입니다(갈 3:13; 신 21:23).

바울은 예수의 이 제사, 즉 우리 죗값을 대신 치르고 우리 죄를 씻어버린 제사를 우리를 의인 되게 하고 하나님께 화해시킨 제사(atoning sacrifice)라고 부릅니다(롬 3:21-25). 동시에 바울과 히브리서의 저자는 이 제사를 "언약의 제사", 곧 우리를 하나님의 백성이 되게 하는 제사로 설명합니다. 물론 이러한 설명들은 예수 자신의 죽음에 대한 원래 가르침(막 14:24-25)을 충실히 반영한 것입니다.

구속(救贖, redemption)

'구속' 또는 '속량'이란 말은 노예 시장에서 유래한 그림언어(metaphor)입니다. 옛날에는 노예를 사고팔 때, 어느 노예를 해방시키고자 한다면 그의 주인에게 노예의 몸값을 치르고 그 노예를 사서 해방시켰습니다. 그것이 구속이요, 속량입니다. 그것을 위해 지불하는 돈을 "속전"(贖錢, ransom)이라 합니다. 예수가 스스로 자기 "목숨을 많은[즉 모든] 사람을 [속량하기] 위한 속전으로 주기 위해서 왔다"(막 10:45, 한역성경에는 "대속물"이라 번역됨)고 한 말에 의거해서, 바울과 신약의 다른 저자들이 그의 죽음을 우리를 속량하기 위해 "속전"을 치른 것으로 설명한 것입니다(롬 3:24; 고전 1:30; 갈 3:13; 4:5; 골 1:13-14; 히 9:12; 벧전 1:18). 이 그림언어는 우리 죄인들이 사탄의 나라의 노예들이라는 전제를 깔고 있습니다. 예수 그리스도의 십자가 죽음이 우리를 그 노예 상태에서 해방하여 하나님 나라의 백성이 되도록 하기 위해 예수가 자기 목숨을 "속전"으로 내어준 사건이었다는 말입니다. 그래서 바울이 고린도전서 6:19b-20에서 "너희는 너희의 것이 아니다. 왜냐하면 너희는 [그리스도께서] 값[속전]을 치르고 산 것이기 때문이다. 그러므로 [너희의 옛 주인 사탄의 뜻을 좇아 제멋대로 살면서 죄짓지 말고, 너희의 새 주인 되신] 하나님께 영광 돌리는 삶을 살라"고 하는 것입니다. 고대 교회에서는 이 "구속"의 그림을 너무 문자적으로 해석하여 예수가 어떻게 사탄에게 "속전"을 지불했을까에 대해 여러 억측들을 내놓았는데, 신약의 저자들은 그런 질문에는 전혀 관심이 없고, 다만 그의 죽음이 우리를 사탄의 나라로부터 해방시켜 하나님 나라에로 이전시키기 위한 것, 우리를 사탄이 자신의 통치 수단들로 쓰는 죄와 율법과 죽음으로부터 해방시켜 하나님 백성의 자유를 누리게 한 것이었다는 뜻(골 1:13-14; 갈 3:13; 4:5)만을 생생하게 선포한 것입니다.

5. 하나님의 구원은 어떻게
우리에게 효력을 발생하는가

2천 년 전 하나님이 예수 그리스도 안에서 이루신 구원 사건이 어떻게 오늘 우리 각자에게 효력을 발생하여 우리가 구원을 실제로 받게 되는 것일까요? 예수 그리스도 안에 이루어진 하나님의 역사적 구원 사건이 어떻게 오늘 나에게 실존적 구원 사건이 되는 것입니까?

우리가 어떻게 구원을 받습니까? 믿음으로 받습니다. 믿음은 예수 그리스도 안에서 일어난 하나님의 역사적인 구원 사건이 오늘 우리에게 효력을 발생하게 하는 수단입니다. 더 정확히 말하자면, 그 구원을 덕입는 수단입니다. 믿음이 유일한 수단이기에, 믿음은 우리 구원의 한 조건이라고도 할 수 있습니다. 여기서 주의해야 할 것은 믿음은 하나님의 구원을 얻어 내기 위한 인간의 종교적 업적으로서의 조건이 아니라, 하나님이 은혜로 이루신 구원을 믿음으로만 받을 수 있다는, 그러기에 믿음이 없으면 받을 수 없다는 의미에서의 조건입니다. 구원은 오직 하나님의 은혜로만 우리에게 주어지는데, 믿음이 이 구원을 받는 데 꼭 필요한 수단이라는 의미에서의 조건입니다.

십자가의 구원 사건이
나에게는 어떻게 효력을 발생하는가

바울은 로마서에서 예수 그리스도의 속죄제사로 이루어진 구속이 무엇이며, 그것을 우리가 어떻게 믿음으로 덕입는가를 아주 압축하여 (그리하여 어렵게!) 설명하고 있습니다.

이제는 율법 외에 하나님의 한 의가 나타났으니 율법과 선지자들에게 증거를 받은 것이라 곧 예수 그리스도를 *믿음으로 말미암아* 모든 *믿는 자에게* 미치는 하나님의 의니 차별이 없느니라 모든 사람이 죄를 범하였으매 하나님의 영광에 이르지 못하더니 그리스도 예수 안에 있는 구속으로 말미암아 하나님의 은혜로 값없이 의롭다 하심을 얻은 자 되었느니라 이 예수를 하나님이 그의 피로 인하여 *믿음*으로 말미암는 속죄제사로 세우셨으니 이는 하나님께서 길이 참으시는 중에 전에 지은 죄를 간과하심으로 자기의 의로우심을 나타내려 하심이니… 자기도 의로우시며 또한 예수 *믿는 자*를 의롭다 하려 하심이라(롬 3:21-26).

믿음이 무엇이기에 우리가 믿음을 통해 우리의 참여 없이 이루어진(그런 의미에서 객관적이라고도 할 수 있는) 하나님의 역사적 구원 사건을 덕입을 수 있습니까? 어떤 이들은 우리가 그리스도를 그냥 믿으면 구원을 받는다고 말하곤 하지만, 여기서 좀 더 믿음의 성격을 분석해 봄으로써 우리의 구원을 확실하게 할 수 있으면 좋겠습니다.

믿음의 요소에는 앎의 요소, 신뢰하고 의지하는 요소, 순종하는 요소, 소망하는 요소 등이 있다고 합니다. 성경에서 믿음은 이러한 여러 가지 말로 대치될 수 있을 정도로 다양한 의미들로 사용되고 있습니다. 그러나 그 요소들을 분석하는 방법으로 믿음의 본질이 무엇인지를 깨달으려 하기보다는, 신약성경이 무엇을 믿음의 기본적인 의미라고 가르치는

가를 살핌으로써 이런 의미들이 어떻게 그 본질적인 의미에 내포되어 있는가를 파악하는 것이 좋습니다.

신약에서 믿음의 본질적 의미는 선포된 복음을 받아들이는 것입니다. 이것은 사도 바울이 고린도전서 15:1-5에서 고린도인들이 자신이 선포한 그리스도의 복음을 "받았다" 하고, 그 받은(또는 받아들인) 행위를 "믿음"이라 하며, 바로 그 "믿음"에 의해 그들이 "구원을 받았다"고 하는 데서 잘 깨달을 수 있습니다. 그곳에서 바울은 복음을 네 개의 절들로 요약합니다(안타깝게도 한역성경에는 이것이 불분명하게 표현되어 있습니다):

(1) 그리스도가 성경대로 우리의 죄들을 위해서 죽었다는 것(15:3b);

(2) 그리고 그분이 장사되었다는 것(15:4a);

(3) 그리고 그분이 성경대로 죽은 자들 가운데서 사흘 만에 [하나님에 의해] 일으켜졌다는 것(15:4b);

(4) 그리고 그분이 게바(= 베드로)에게, 그리고 뒤이어 열두 [제자]에게 보였다는 것(15:5).

사도 바울은 이 복음을 자기보다 먼저 사도 된 예루살렘 사도들로부터 받은 것이라고 하며, 모든 사도가 복음을 다 이렇게 선포한다고 합니다(11절). 그러니까 이 복음은 예루살렘의 교회에서 형성된 사도들의 공통 복음입니다. 우리는 앞의 네 개의 절들에서 1절(15:3b)과 3절(15:4b)이 그리스도의 구원 사건을 진술하는 주된 의미를 갖고, 2절(15:4a)과 4절(15:5)은 앞선 두 절들을 각각 뒷받침하는 종속적 기능을 가진 것을 쉽게 알아볼 수 있습니다. 그래서 1절과 3절에만 "성경대로"(즉 성경에 예언된 대로)가 덧붙여져 우리 죄들을 위한 그리스도의 죽음과 그의 사흘 만의 부활이 성경의 예언들을 성취한 구원의 사건들임을 밝히는 것입니다. 그래서 사도 바울은 이 복음을 더욱 요약하여 "그리스도가 우리(죄)를 위해 죽고 부활했다는 것"이라거나(살전 4:14), "하나님이 [그리스도 예수]를 죽은 자들 가운데서 일으키셨다는 것"이라고도 합니다(롬 10:9).

그리고 고린도전서 15:1-5에서 네 개의 절들로 요약된 복음을 받아들이는 것이 그 절들이 선포하는 그리스도의 구원 사건을 믿는 것이며, 그리함으로써 그 구원 사건의 덕을 입어 구원을 받는다고 했듯이, 데살로니가전서 4:14에서도 우리는 "그리스도가 죽고 부활했다는 것"을 믿는 자들로서 예수 그리스도의 재림 때 죽은 성도들이 부활될 것을 기대할 수 있다고 말합니다. 또 로마서 10:9에서는 초대교회의 새신자들이 세례 때 한 신앙고백을 반영하며, 우리가 마음속 깊이 "하나님이 예수를 죽은 자들 가운데서 부활시키셨다는 것"을 믿고, "예수가 주이시다"라고 입으로 고백하면, 우리는 예수 그리스도의 죽음과 부활로 이루어진 하나님의 구원을 덕입고 예수 그리스도의 주권의 영역으로 이전되어 구원을 받는다고 말합니다.

바울은 자주 "그리스도가 우리를 위해서 죽고 부활되었다"는 것(복음)을 "믿다"("to believe that Christ died and was raised")는 말을 더 줄여 "그리스도를 믿다"("to believe in Christ")라고 표현합니다. "믿다"를 표현하는 헬라어 동사(pisteuein)는 영어 동사 'believe'와 마찬가지로 원래 타동사로서 전치사를 동반하지 않습니다. 그런데 신약성경에서는 그 동사가 대개 영어 in 또는 into에 해당하는 전치사 'eis'를 동반하고 나타납니다. 그래서 영어성경에도 우리말 성경에 "그리스도를 믿다"로 번역된 헬라어구가 "to believe in Christ"라고 번역되어 있는 것입니다. 따라서 "to believe in Christ"에서 "in Christ"는 "그리스도가 우리를 위해서 죽고 부활되었다는 것"("that Christ died for us and was raised")의 요약 구문임을 알 수 있습니다. 그러므로 한역성경에서 "그리스도를 믿다"는 표현은 "그리스도가 우리를 위해서 죽고 부활되었다는 것을 믿다"를 줄인 말임을 알아야 합니다.

그러면 왜 "그리스도가 우리를 위해서 죽고 부활되었다"는 복음을 받아들이고 믿으면, 우리가 그 죽음과 부활이 이룬 구원을 실제로 덕입게 또는 받게 됩니까? 다시 말하자면, 왜 우리의 믿음이 그리스도의 죽음과 부활의 구원 사역으로 하여금 우리 실존에 실제로 효력을 발생하게 합니까? 이 질문을 푸는 실마리는 '우리를 위해'(for us)라는 전치사구에 있습니다. 우리말 표현에는 '우리에게 이익을 주기 위해'라는 하나의 뜻만 담겨 있습니다. 그러나 그것의 영어 표현(for us)과 마찬가지로 그것의 헬라어 표현에는 다음과 같은 세 가지 의미들이 담겨 있습니다: '우리 대신', '우리의 대표로' 그리고 '우리에게 이익을 주기 위해서'.

그래서 "그리스도가 우리를 위해서 죽었다"는 말은 죄 없는 그가 우리 개개인을 "대신해서" 또는 우리의 "대신"(substitute)으로서, 우리 모두를 한꺼번에 "대표해서"(즉 우리 모두의 "대표[representative]로서"), 우리에게 "이익을 주기 위해서"(for our benefit) 우리의 죄에 대한 하나님의 벌을 받고 십자가의 죽음을 감당했다는 말입니다. "대신"과 "대표" 이 두 개념들이 "내포적 대신"(inclusive substitute)이라는 개념으로 종합됩니다. 예수 그리스도가 "우리를 위해서 죽었다"는 것을 믿는 것은 그의 십자가에서의 죽음에 우리 개개인 모두가 그 안에 내포되어 죽었다는 것을 믿는다는 말입니다. 그래서 바울은 이렇게 말합니다: "[그리스도] 한 사람이 모두를 대신/대표하여 죽었은즉 모두가 죽었다"(고후 5:14).

우리는 앞서 예수 자신이 하나님의 영을 받아 하나님의 아들/종으로 보냄 받은 분으로서 하나님의 뜻을 좇아 자신을 모든 사람을 위한 대속과 새 언약의 제사로 바치기 위해 십자가의 죽음에 이르셨음을 보았습니다. 이 예수를 하나님이 부활시키신 것을 보고, 예수의 제자들은 결국 하나님이 예수를 우리 모두를 위한 대속과 새 언약의 제사로 바친 것이었음을 깨닫게 되고 그렇게 선포하게 되었다는 것도 살펴보았습니다(앞에서 토론한 "내어줌의 형식" 참조). 그러므로 하나님이 예수 그리스도를 모든 인간/죄인들의 "내포적 대신"으로서 십자가에서 죽고 부활되게 하신 것입니다(참조: 헬라적 숙어로 표현된 사도적 공통 복음[고전 15:3–5]의 히브리어/아람어 원판 롬 4:25: "예수는 우리의 범죄행위들을 위해 [하나님에 의해 죽음에] 넘겨졌고, [우리를 의인들 되게 하기 위해 하나님에 의해] 일으켜졌다). 그러므로 우리가 이 복음을 받아들이면/믿으면, 하나님에 의해서 이루어진 이 사건, 즉 우리가 그리스도 안에 내포되어 죄에 대해 벌을 받아 죽고 새 생명으로 부활됨이 효력을 발생합니다. 그래서 하나님 보시기에 우리의 옛 사람(아담적 자아)이 그리스도 안에 내포되어 그와 함께 죽고 새 아담적 존재로 부활한 것으로 간주됩니다. 이렇게 믿음은 하나님의 역사적 구원의 사역, 즉 우리를 위한 그리스도의 죽음과 부활이 오늘 그것을 믿는 자들에게 실제로 효력을 발생하게 하고 그 구원 사건의 덕을 입게 하는 것입니다. 즉 구원을 받게 하는 것입니다.

그러나 뒤에서 곧 자세히 보겠지만, 우리는 세례 때 이 복음을 믿는 신앙고백을 함으로써 구원을 받지만, 그것은 종말에 완성될 구원의 "첫 열매" 또는 "보증금"에 불과하고(롬 8:23; 고후 1:22), 그것의 완성은 종말에 주 예수 그리스도의 재림 때 받게 됩니다. 그러기에 바울은 복음을 믿음으로써 그리스도의 죽음과 부활에서 그와 "연합한/한 몸 된" 자들은 더 이상 옛 아담같이 사탄의 죄의 통치에 순종하는 삶을 살지 말고 구원받은 새 아담적 존재로서 하나님의 의의 통치에 순종하는 삶을 살아서 종말에 완성될 부활의 생명을 얻으라고 가르치는 것입니다(롬 6:3-11).

이렇게 우리로 하여금 옛 자아가 우리의 내포적 대신인 그리스도 안에 내포되어 그와 함께 죽고 새로운 자아로 부활하게 하는 믿음을 극(劇)으로 표시하는 것이 세례입니다. 그러니까 세례는 믿음의 극화(劇化)입니다. 초대교회의 세례는 모두 침례였습니다. 앞서 말했듯이, 초대교회의 세례 때 복음을 듣고 배워(즉 학습 기간을 거친 후) 그것을 믿기로 작정한 새 신자가 로마서 10:9에 인용된 신앙고백을 공식적으로 하였습니다: 즉 마음 깊은 곳에서부터 "하나님이 예수를 죽은 자들 가운데서 부활시키셨다"는 것(고전 15:3-5 또는 롬 4:25의 복음)을 믿음을 선언하고, 입으로 "예수가 주이시다"라고 고백하였습니다. 그는 그 믿음으로 자신이 예수 그리스도 안에 내포되어 그와 함께 죽고 그의 부활에도 동참하게 되었으니, 물속에 잠김으로써 사탄의 종노릇하던 자신의 아담적 자아가 예수 그리스도와 함께 죽고 장사됨을 상징적으로 나타내고, 깨끗이 씻긴 몸이 물 위로 떠오름으로써 주 예수 그리스도의 통치를 받는 의로운, 성화된, 또는 새 아담적 존재로 새롭게 창조된, 하나님의 자녀로 부활됨을 극으로 표현합니다

(골 2:12; 고전 6:11).

그런데 세례는 이와 같은 의미를 그 자체로서 갖는 것이 아니라, 구원의 수단인 믿음 안에 내포된 의미를 극으로 표시하는 것으로서만 의미를 갖습니다. 바울이 우리가 믿음으로 구원받는다고 말하지, 세례로 구원받는다고는 말하지 않음에 유의하십시오. 그러기에 복음에 대한 명백한 이해와 신앙고백 없이 세례 받는 것은 무의미합니다. 오늘날 많은 교단들에서 행하는 세례 의식, 즉 머리에 물 몇 방울 흘리는 의식도 믿음의 극화로, 즉 죄를 씻음과 성령 받음을 극화하는 것으로 의미가 있지만, 침례만큼 극적 효과가 크지 않은 것이 사실입니다. 그래서 저는 목사들에게 두 전통적인 극들을 겸하여 세례의식을 거행하기를 권합니다. 즉 먼저 침례를 행하고 물 위로 나온 새신자의 머리에 물을 퍼붓기도 하라는 말입니다.

세례 때 믿음을 공식적으로 고백하는 것이므로, 세례는 믿는 자가 되어 가는 과정의 종결입니다. 그래서 교회는 세례 받은 자들만을 공식적으로 교회의 구성원들로 인정하고 성찬식에도 참여케 하는 것입니다. 그러나 믿음은 세례 후에도 신자가 계속 행사해야 하는 것입니다. 세례 때 우리가 "예수가 주이시다"라고 고백함으로써 이제껏 받아왔던 사탄의 통치를 거부하고 주 예수 그리스도의 통치를 받겠다고 서약했으므로, 우리는 계속 주 예수 그리스도의 통치(주 예수 그리스도가 대행하는 하나님의 통치)에 "믿음의 순종"(롬 1:5; 10:16 ; 10:26; 고후 9:13; 살후 1:8)을 하는 삶을 살아야 그 믿음으로 얻은 구원의 상태에 서있는 것입니다.

그리스도의 복음을 믿어 얻는
하나님의 구원(salvation)을 설명하는 그림언어들

1. 의인이라 인정함/칭함(稱義, justification)

사도 바울은 우리가 그리스도의 복음을 믿어 얻는 하나님의 구원을 설명하기 위해서 여러 그림언어들(metaphors, imageries)을 쓰는데, 그것들 중 가장 많이 사용하는 것이 "의인이라 인정함" 또는 "칭함"입니다. 전통적으로 이 말은 법정적 언어로서, 하나님의 심판에서 "무죄 판결"(acquittal)하심의 뜻으로만 이해되었습니다. 그래서 전통적으로는 칭의를 하나님이 예수 그리스도의 속죄제사를 믿음으로 덕입는 사람들에게 그들의 죄를 사면해 주심으로만 이해하였습니다.

그러나 19세기 말부터 성경학자들은 성경에서 "의"(義)라는 개념은 그리스-로마 세계에서처럼 법정적 의미만 가진 것이 아니고, 그보다 더 근본적인 관계적 의미를 가진 것임을 알게 되었습니다. 히브리적 또는 성경적 언어에서 "의"는 근본적으로 "관계에서 나오는 의무를 다함"이라는 뜻을 가지고 있습니다. 모든 관계는 그 관계들을 맺고 있는 파트너들에게 의무를 부과합니다. 예컨대, 부모와 자식의 관계는, 부모에게는 자식을 잘 양육할 의무를 지우고 자식에게는 부모를 공경하고 순종할 의무를 지웁니다. 왕과 백성의 관계는, 왕에게는 백성을 잘 보호하고 지혜롭고 정의로운 통치로 그들의 삶을 평안하게 할 의무를 지우고, 백성에게는 왕을 존경하고 순종할 의무를 지웁니다. 이때 그 관계들 속의 파트너들이 상대방에게 자기의 의무를 다하는 것이 "의"인데, 그렇게 하면 그 관계는 원만한 관계, 화평(샬롬)의 관계를 이룹니다. 그래서 "의"는 화평을 낳습니다.

그런데 창조주 하나님과 피조물인 인간의 관계는 인간의 죄로 파괴되었습니다. 하나님은 아담(인간)에게 자신의 형상(대리자)이라는 높은 지위와 권세를 주시고 이 땅에 대한 하나님 자신의 통치를 대행하도록 하셨는데, 아담은 하나님께 의지하고 순종해야 하는 의무를 다하지 않고, 자신이 스스로 "하나님같이 되고자" 하나님께 반역하고 사탄의 종이 되었습니다. 그러니까 아담은 창조주 하나님과의 관계에서 나오는 자기 쪽의 의무를 저버림으로써 "불의"하게 되었고, 그 결과 앞에서 잠깐 살펴본 대로 자신의 피조물적 한계성/빈곤 속에 갇혀 죽음에 이르게 되었습니다. 즉 사탄의 죄와 죽음의 통치(즉 인간으로 하여금 하나님께 불순종하여 죄짓게 하고 죽음으로 대가를 치르는 통치) 아래로 떨어지게 된 것입니다.

이때 하나님이 자신을 배반한 아담과 그 후손들에게 그들이 자기에게 한 대로 하시면, 즉 그들을 배척해 버리시면 어떻게 됩니까? 하나님도 창조주로서 자신의 피조물들에게 하나님 노릇 해야 하는(즉 왕같이, 부모같이 또는 목자같이 그들을 잘 돌보아야 하는) 자기 쪽의 의무를 저버리는 것이어서, 하나님도 "불의"하게 됩니다. 그러면 인간에게 무슨 소망이 있겠습니까? 그러나 하나님은 끝까지 의로우신 분입니다. 자신의 피조물인 인간들에게 끝까지 하나님 노릇 해주시는 분입니다. 그래서 아담의 불의로 사탄의 죄와 죽음의 통치 아래로 떨어져 살아야 하는 그의 후손들에게 예수 그리스도를 보내시어 그들을 구원하는 사역을 시작하셨습니다. 그래서 예수

는 "탕자의 비유"로 그들의 아담적 처지를 설명하면서, 하나
님 나라로 들어와서 하나님의 아버지 노릇 해주심을 받으라
고, 즉 하나님 아버지의 집으로 돌아와서 그의 충만한 생명
(영생)을 누리라고 초청하고, 그들이 그렇게 할 수 있도록 자
신을 그들의 죄를 대속하는 제사로, 그리고 그들을 다시 하
나님의 백성으로 만드는 언약을 세우는 제사로 바친 것입니
다. 그래서 그의 사도들은 하나님께서 그리스도를 부활시키
심을 보고 그리스도가 모든 죄인들의 내포적 대신으로서 자
신을 십자가에서 대속의 제사와 언약의 제사로 바쳤다는 복
음을 선포한 것입니다.

　앞에서 우리는 이것이 사도적 공통 복음(고전 15:3-5과 그것
의 원형 롬 4:25; 그것의 확대 설명인 롬 3:21-25 참조)이고, 그 복
음을 믿으면 우리는 그 복음이 선포하는 그리스도의 대속적
제사의 덕을 입어 우리의 죗값을 치르고 죄 씻음을 받는다는
것을 살펴보았습니다. 이리하여 우리는 하나님으로부터 "의
인"이라 인정받고 칭함 받게 됩니다. 곧 그리스도가 우리를
위하여 대속적 제사를 드렸다는 복음, 그 은혜의 복음을 믿
음으로 우리는 우리 죄에 대한 사면을 받고 "의인"이라 칭함
받게 되는 것입니다.

그런데 "의인"이라 칭함 받음은 이런 법정적 의미와 더불어, 아담의 후손인 우리가 아담 이래 단절된 또는 뒤틀린 하나님과의 관계가 올바르게 회복된 사람이 된다는 보다 적극적인 의미도 가지고 있습니다. 즉 하나님의 은혜에 의지하고 하나님께 순종하는 관계를 갖고 사는 사람이 되었다는 의미입니다. 이 뜻은 그리스도의 죽음이 "속죄의 제사"일 뿐 아니라 "언약의 제사"였다는 복음에 의해서, 즉 우리를 하나님의 백성으로 창조하는 제사였다는 복음에 의해서 더욱 강화됩니다. 그래서 그리스도의 대속의 제사와 언약의 제사의 복음을 믿음으로써 우리는 아담 이래 창조주 하나님과의 관계를 훼손하고 산 죄에 대해 사면받습니다. 그뿐 아니라 하나님과의 올바른 관계 속으로 회복되어, 즉 하나님의 백성/자녀들이 되어 하나님의 무한한 부요함을 덕입어(상속받아) 사는 사람들이 되는 것입니다. 이렇게 복음을 믿음으로 말미암아 우리는 "의인"(죄사함을 받고 하나님과 올바른 관계에로 회복된 자)이라 칭함 받고 창조주 하나님의 충만한 삶(영생)을 얻게 되는 것입니다. 이것이 구원입니다.

우리는 지금까지 그리스도 안에서 이루어진 구원의 사건과 그것을 믿음으로 덕입어 칭의를 받음을 설명하기 위해 주로 고린도전서 15:3-5에 요약된 사도들의 공통 복음과 그것의 바울적 확대 해석인 로마서 3:21-25에 의거하였는데, 그것들은 복음을 구원론적으로 설명합니다. 그런데 바울은 로마서 1:3-4에서 "하나님의 복음"(1절)이라 부르면서 또 하나의 복음을 소개합니다. 대다수의 신약학자들은 그것을 원래 예루살렘 교회가 기독론적으로 선포한 복음으로 보고, 바울이 그것을 로마서 서문에서 인용하고 있다고 봅니다. 이 기독론적 복음을 분석하면 우리는 칭의의 관계론적 의미를 좀 더 명확히 파악하게 됩니다. 그런데 주로 평신도들을 위한 이 작은 책에서 그 내용을 상세히 설명할 수는 없습니다. 혹 독자들 중 그런 설명에 관심 있는 분들은 두란노가 출판한 필자의 『칭의와 성화』나 『칭의와 하나님 나라』를 참조하기 바랍니다.

하여간, 로마서 1:1-4에서 바울은 하나님이 성경에 선지자들을 통하여 미리 약속하신 대로 "자신의 아들을 다윗의 씨(아들)로 성육신하게 하시고, 죽은 자들 가운데서 일으키시어 성령으로 말미암아 [하나님]의 권세를 행사하는 하나님의 아들로 임명하셨다"는 "하나님의 복음"을 소개합니다. 그리고 로마서 1:16-17에 이 "복음은 모든 믿는 자에게 구원을 주시는 하나님의 힘"이라고 선포하며, 그 이유는 "복음에는 하나

님의 의가 계시되기 때문"이라고 설명합니다. 로마서 1:3-4
의 복음을 좀 더 풀자면, "하나님이 사무엘하 7:12-14 등에
서 하신 약속들을 실현하시어 자신의 아들을 다윗적 메시아
로 성육신하게 하시고, 그를 대속과 새 언약의 제사로 죽음
에 넘겨주신 후 죽은 자들 가운데서 일으키시어, 시편 110:1
의 예언대로 자신의 우편에 앉히시고(즉 자신의 이름 "주"를 주
시고, 빌 2:6-11 참조), 성령의 능력으로 온 세상에 대한 자신
의 통치를 대행하는 분으로 세우셨다"는 말입니다. 바울이
이 복음에는 "하나님의 의가 계시된다"고 하는데(롬 1:17), 여
기서 "의"는 앞서 설명한 관계적 개념으로 사용되었습니다.
그래서 여기서 "하나님의 의"는 하나님이 구약의 선지자들을
통하여 하신 자신의 약속, 즉 다윗적 메시아를 통하여 세상
을 구원하시겠다는 약속을 예수 그리스도를 통하여 신실히
성취하셨음을 두고 하는 말입니다. 하나님께서 아담 안에서
자신과의 관계를 끊고 죄와 죽음에 빠진 인간들에게 하나님
노릇 해주심, 즉 창조주로서의 의무를 다하셨음, 자기 백성
이스라엘과 특별히 언약을 맺고 그들에게 복 주시어 온 세상
(열방)을 구원하시겠다는 약속을 신실히 이행하셨음을 뜻합니
다. 로마서 1:3-4에 진술된 "복음"은 바로 이 사실을 나타내

는(계시하는) 것이므로, 누구든지 이 "복음"을 받아들이면, 즉 "믿으면" 그 복음이 서술하는 하나님의 구원 사역을 덕입어 (즉 그 구원 사역이 믿는 자에게 효력을 발생하여) 구원을 받게 되는 것입니다. 아담과 그의 후손들인 인류는 하나님의 하나님 노릇 해주심에 등을 돌리고 그분께 의지하고 순종하기를 거부함으로써(즉 불의하여) 생명의 근원이신 하나님과 관계를 단절하고 사탄의 죄와 죽음의 권세 아래로 떨어졌습니다. 그러나 하나님은 자신의 피조물인 인간들과의 관계에 끝까지 신실하시어(의롭게 행하시어, 구원의 약속을 지키시어) 그들의 "불의"의 열매(죄와 죽음)를 극복하도록 하는 구원 사역을 이루어 주셨습니다. 이 "복음"을 받아들이는(믿는) 사람은 누구나 하나님과 올바른 관계에로 회복되어, 즉 "의인"이 되어, 하박국 선지자가 외친 대로 "생명"을 얻게 되는 것입니다(롬 1:17b). 그러기에 바울은 이 "복음은 모든 믿는 자에게 구원을 주시는 하나님의 힘"이라고 하는 것입니다(롬 1:16).

여기까지 행한 로마서 1:3-4의 복음에 대한 아주 간략한 설명을 어렵게 느낀 독자는 그 설명을 무시하고 다음 요점에만 집중해도 됩니다. 요점은 사도 바울이 로마의 그리스도인들에게 하나님의 복음을 설명하되, 그 서두(롬 1:1-4)에서 "하나님의 복음"을 하나님이 다윗의 아들/하나님의 아들 메시아에게 자신의 이름 "주"와 권세를 주시어 모든 민족들(열방)을 통치하게 하셨다는(5절 유의) 말로 설명을 시작하고, 로마서 15:12에서 열방이 "이새의 뿌리"(다윗적 메시아를 지칭하는 또 하나의 칭호)의 통치를 받아 구원의 소망을 갖게 되리라는 이사야 11:10의 예언을 인용함으로써 그 설명을 종결한다는 사실에 시사되어 있습니다. 즉 이러한 수미상관(首尾相關)으로 사도 바울이 로마서 전체에서 펼치는 그리스도의 복음은 모든 열방이 예수 그리스도 안에 이루어진 하나님의 구원을 받는 것에 관한 것인데, 그것은 그들이 사탄의 통치를 받아 지은 죄에 대해 사함을 받고 하나님과의 올바른 관계에로 회복되어 다윗의 아들/하나님의 아들 주 예수 그리스도가 대행하는 하나님의 통치를 받게 되는 것이라는 것(1-11장)과, 그리스도의 복음에 의해 그러한 구원을 받은 사람들은 더 이상 사탄의 통치를 받아 죄를 짓지 말고 하나님의 백성으로서 그의 아들 주 예수 그리스도의 통치를 받아 의로운 삶을 살아야 한다는 것입니다(12-15장).

바울은 로마서 1-8장에서 그리스도의 복음을 설명하되, 핵심 부분인 3:21-25을 비롯하여 뒤따르는 4:25; 5:6-11;

6:1-11; 8:3-4 등에서 주로 구원론적으로 하여, 하나님이 그리스도 예수를 우리를 위한 대속의 제사로 죽음에 넘겨주심으로 말미암아 우리가 죄사함을 받고 의인이라 칭함 받게 되었음을 설파합니다. 그러면서 바울은 우리가 율법을 철저히 지키는 선행으로 죄사함과 칭의의 구원을 얻을 수는 없고, 오로지 하나님과 그리스도가 은혜로 이루신 구원을, 그것을 선포하는 복음을 믿음으로만 얻는다는 사실을 강조합니다.

그런데 너무나 오랫동안 목회자들은 물론이고 심지어 신학자들도 바울이 복음에 대한 이러한 구원론적 설명을 로마서 1:3-4과 15:12의 복음에 대한 기독론적 선포의 테두리 안에서 전개하고 있다는 사실을 간과하여 왔습니다. 그래서 바울이 복음을 그런 형식으로 설명함으로써 우리로 하여금 그리스도가 우리를 위해 대속의 제사로 드려짐으로 얻게 되는 죄사함/칭의의 구원을 사탄의 죄와 죽음의 통치에서 벗어나 다윗의 아들/하나님의 아들 "주" 예수 그리스도가 대행하는 하나님의 통치를 받게 됨(창조주 하나님과 올바른 관계에로 회복됨)의 뜻으로 이해하라고 한 사실을 깨닫지 못했습니다. 그러므로 이제 우리는 "칭의"를 단순히 법정적 의미로서 죄사함, 즉 하나님의 심판대에서 사면 판결 받음의 의미로만 이해할 것이 아니라, 보다 근본적으로 "주권의 전이"(Lordship-transfer)의 의미로, 곧 사탄의 나라에서 해방되고 하나님의 이름 "주"를 받아 하나님의 통치를 대행하는 하나님의 아들 예수 그리스도의 나라로 이전됨의 의미로 이해해야 합니다. 바울은 골로새서 1:13-14에서 이 진리를 명쾌하게 설명합니다: "[하나님이] 우리를 흑암의 권세[사탄의 나라]에서 건져내시어 그의 사랑하는 아들의 나라[하나님의 아들 그리스도가 종말까지 대신 통치하는 하나님의 나라, 고전 15:23-28 참조]로 옮기셨다. 그분 안에서 우리가 구속[redemption, 사탄의 나라에서 해방], 곧 죄사함[칭의]을 얻었다". 그러기에 초대교회는 세례 때 새신자가 "그리스도가 우리 죄를 위해 죽고 부활되었다"는 복음을 마음속으로 확실히 믿음을 밝혀 그리스도의 대속의 제사의 덕으로 죄사함만 얻게 한 것이 아니고, 겸하여 "예수가 주이시다"라고 고백함으로써 사탄의 통치에서 예수 그리스도의 통치로 이전되게 한 것입니다(롬 10:9-10). 그리하여 "칭의"는 우리로 하여금 아담의 숙명을 극복하고 창조주 하나님과의 올바른 관계에로 회복되어 그의 "아빠" 노릇 해주심을 덕입고 그의 충만한 생명(영생)을 얻게 하는 것입니다. 그러기에 바울은 로마서 1:3-4의 복음을 소개한 뒤, 이어서 하나님이 자신을 사도로 임명하신 것은 모든 민족들에게 그 복음을 선포하여 그들로 하여금 그 복음에 "믿음의 순종"을 하도록, 즉 그 복음을 믿고 하나님의 아들 "주" 예수 그리스도의 구원의 통치에 순종하여 구원을 얻도록 하기 위함이었다고 말하는 것입니다(롬 1:1, 5).

로마서에서 바울은 복음을 1:3-4과 15:12의 수미상관의 틀 안에서 전개함으로써, 그것은 하나님께서 이스라엘뿐 아니라 모든 민족들로 하여금 자신의 아들 주 예수 그리스도 안에서 이루신 구원(은혜)을 믿음으로 덕입어 죄사함을 받고 하나님 자신과의 올바른 관계에로 회복되게 하심(즉 자신의 통치를 대행하는 주 예수 그리스도의 나라로 이전되어, 결국 하나님의 나라로 회복되게 하심)이라는 기쁜 소식이라고 설명하는 것입니다. 다시 말하면, 하나님의 아들 예수 그리스도의 성육신과 죽음과 부활/승천의 사건(축약하여 "그리스도 사건", 롬 1:3-4)은 창조주 하나님께서 자신의 피조물들인 온 인류를 사탄의 죄와 죽음의 통치에서 해방하여 자신의 의와 생명의 통치로 회복하는 구원의 사건이었고, 그것을 선포하는 "하나님의 복음"(롬 1:1)을 믿는 자들은 유대인이나 이방인이나 차별 없이 누구나 그 구원을 덕입어 "의인"이라 칭함받고 "생명"을 얻게 되었다는 것입니다(롬 1:16-17). 여기서 우리가 특별히 유의해야 할 점들 중 하나가 바울이 칭의의 복음을 설명할 때마다 그 복음 속에 담겨 있는 하나님의 모든 인류를 구원하고자 하는 의지와 그 구원을 "은혜로만" 그리고 "믿음으로만" 덕입는다는 원칙에 의거하여 모든 인간들이 어떤 차별도 없이 하나님의 구원을 받을 수 있다는 것을 강조하는 것입니다. 그러기에 하나님의 은혜의 복음을 믿음으로 구원을 받은 "의인들", 하나님의 자녀들의 공동체 안에서는 이 세상의 불의와 갈등과 불행을 초래하는 온갖 차별들이 다 무효가 되는 것입니다. 그래서 바울은 유대인들과 이방인들의 차별도 부인하고 (롬 1:16), 헬라인들(문명인들)과 "야만인들"의 차별도 부인하며(롬 1:14), 더하여 남녀 차별도 부인하고 사회 신분적 차별(종과 자유인)도 부인하며(갈 3:28; 고전 7:17-24; 12:13; 골 3:11), 그리스도 안에서 모두가 하나님을 강조합니다. 복음 안에 내포된 이 만인 평등 사상은 단순히 바울로 하여금 유대교의 선민 사상을 깨고 열방에 대한 선교를 하게 하여 기독교가 온 인류를 구원하는 종교가 되게 했을 뿐 아니라, 가정생활에 있어 남편에 대한 아내 굴종의 문화를 타파하고(고전 7:1-16), 노예 해방의 길을 열었으며(고전 7:21-24; 빌레몬), 인종 차별 해소의 씨앗을 심은 것입니다. 그리스도의 복음, 특히 바울의 칭의론으로 선포된 복음은 이런 차별들이 가져오는 불의와 억압과 착취와 갈등을 해소하고 자유와 정의와 화평과 행복을 가져오는 구원의 힘, 혁명적 힘을 가진 것입니다. 후대 교회는 때로는 이 복음을 왜곡하여 이런 해방의 복음을 도리어 차별과 억압과 착취를 정당화하는 데 오용하기도 하였지만, 그래도 점진적으로 복음의 이 해방/구원의 힘이 발현되게 하여 기독교 문명으로 하여금 여성 해방, 노예 해방, 만인 평등 원칙에 근거한 민주주의 제도 발전을 이루게 한 것입니다(필자의 『그리스도가 구속한 여성』[두란노, 2016]을 참조하시오).

2. 화해함(和解, reconciliation)

예수 그리스도의 대속과 새 언약의 제사로 이루어진 하나님과의 올바른 관계에로 회복됨을 바울은 "화해"라는 말로도 표현합니다. 이 그림언어는 인간 관계에서 온 것입니다. 하나님과 인간들은 적대 관계 속에 있었는데, 하나님은 그리스도를 인간들을 위한 대속과 새 언약의 제사로 내어주시어 사탄의 뜻을 좇아 창조주인 자신에게 원수 노릇 하는 그들의 죄를 "계산하지 않고/따지지 않고" 그들을 자신과 화해시키셨습니다(고후 5:19). 그래서 바울은 이런 놀라운 표현으로 복음을 선포합니다: "우리가 원수들이었을 때, [우리는] [하나님의] 아들의 죽음으로 말미암아 하나님께 화해되었다"(롬 5:10a). 그래서 하나님과 우리의 관계는 친구 관계로 회복되어 이제는 그 안에 더 이상 불화가 아니라 화평이 있게 되었습니다. 신약성경에서 바울만 그리스도의 대속과 새 언약의 제사로 이루어진 구원을 "화해"라는 그림언어로 지칭하는데, 이것은 원래 "하나님의 교회"를 폭력적으로 핍박했던 바울이 하나님의 구원과 사도로서의 소명까지 받은 경험에서(갈 1:13-16), 하나님이 그리스도 안에서 이루신 구원을 선포하는 새로운 용어로 만든 것입니다(고후 5:11-21). 그러나 그 용어로 표현하는 실재는 아담적 인간들이 하나님과 올바른 관계에로 회복됨이어서, "화해"는 "칭의"와 동의어인 셈입니다. 그래서 로마서 5:6-11이나 고린도후서 5:18-21에서 두 언어가 같이 나오는 것입니다. 그럼에도 "화해"가 "칭의"보다 우리로 하여금 하나님을 더 친근하게 느끼게 하는 것은 사실입니다.

3. 성화(聖化, sanctification)

성경에서 "거룩함"은 근본적으로 이 타락하고 오염된 세상에서 분리된 존재들에 쓰이는 개념입니다. 그러기에 가장 근본적으로 모든 피조물들과 다른 창조주 하나님께 적용하는 개념입니다: "거룩한 하나님", 그리고 그 거룩하신 하나님께 바쳐진 것들, 그리하여 하나님의 소유물이 된 것들을 지칭할 때 쓰이는 개념입니다. 그래서 하나님께 제사를 드리는 데 쓰이는 성전이나 성전의 집기들을 거룩한 것들이라 하고, 하나님이 모든 민족들로부터 분리하여 자신의 소유 백성이 되게 한 이스라엘이 거룩한 민족이라 일컬어진 것입니다. 그런데 이렇게 근본적으로 물리적 의미를 가진 "거룩함"의 개념이 이스라엘을 비롯한 인간들에게 적용될 때는 도덕적 의미를 내포하게 됩니다. 그 이유는 하나님께 바쳐진, 그리하여 하나님을 섬기는 사람들은 이 세상의 오염과 죄악이 아니라 하나님의 성품에 일치해야 하기 때문입니다. 레위기에 반복되는 "내가 거룩하니 너희도 거룩하라"는 명령에 이스라엘에 대한 하나님의 그런 요구가 잘 나타나 있습니다.

그러기에 "성화"(거룩하게 되기, 만들기)는 하나님께 바쳐진 사람들이 하나님의 성품과 뜻에 합당하게 살기의 뜻을 내포하고 있습니다(롬 12:1-2 참조). 신약성경은 그리스도의 대속과 새 언약의 제사가 우리를 사탄이 통치하는 이 세상으로부터 분리시켜 하나님 나라의 거룩한 백성이 되게 하였으니, 그리스도 안에 일어난 그 구원을 "성화"의 범주로도 해석하는 것입니다. 우리는 세례 때 우리를 성화하는 그리스도의 죽음과 부활의 복음에 대한 우리의 믿음을 고백하고 "예수가 주이시다"(즉, 더 이상 사탄을 주로 모시고 그의 통치를 받는 사람이 아니고 예수를 주로 모시며 그가 대행하는 하나님의 통치를 받는 사람)라고 부르짖음으로써(롬 10:9-10), 하나님께 바쳐진 사람, 즉 "성화된 사람", "성도"(sanctified one, saint)가 됩니다. 그래서 바울은 고린도의 그리스도인들에게 "너희는 [세례 때] 주 예수 그리스도의 이름 안에서 [즉 예수 그리스도의 죽음과 부활의 구원을 덕입고 그의 이름 '주'를 부름으로써 그의 통치를 받는 자들이 되었고] 우리 하나님의 영 안에서 [즉 그때 받은 하나님의 성령의 힘으로] [이 세상의 오염으로부터] 씻겼고, 성화되었으며, 의롭게(칭의) 되었다"고 말하는 것이며(고전 6:11), 그들에게 보낸 편지 서두에 그들을 "그리스도 예수 안에서 성화된 사람, 성도들이 되도록 부름 받은 자들"이라 부르는 것입니다(고전 1:2).

이로써 우리는 "성화"가 "칭의"와 마찬가지로 세례 때 이루어지는 것임을 깨닫게 됩니다. 그런데 바울은 "성화"의 언어를 특히 고린도전서(1:2, 30; 6:11; 7:14)와 데살로니가전서(4:1-9; 3:13; 5:23; 살후 2:13)에서 유난히 많이 씁니다. 이것은 로마서와 갈라디아서에서 "칭의"의 언어가 많이 쓰이는 것과 대조됩니다. 여기서 그 두 용어들은 그리스도의 대속과 새 언약의 제사를 덕입어 하나님과 올바른 관계에로 회복된 하나님의 백성됨을 지칭하는 동의어입니다. "칭의"는 인간의 근본 문제를 하나님에 대한 불순종으로 인한 하나님과의 관계 단절이라 보고, 우리가 그 죄에 대한 사면과 하나님과의 관계 회복(구원)을 율법의 행위로 얻는 것이 아니고 하나님이 은혜로 그리스도 안에서 이루신 구원의 복음을 믿음으로 얻는 것임을 가르칠 때 주로 쓰이는 용어입니다. "성화"는 인간의 근본 문제를 거룩하신 (초월의) 하나님으로부터 분리되고 사탄의 세상에서 타락하여 우상숭배와 음행 등 모든 죄악에 오염된 것으로 보고, 우리의 구원을 이 세상의 오염으로부터 씻기고 거룩하신 하나님께 바쳐짐으로써 하나님의 거룩한 백성이 되었음을 가르칠 때 주로 쓰는 언어임을 알게 됩니다.

바울이 고린도와 데살로니가의 그리스도인들에게 보낸 편

지들에서 "성화"의 언어를 많이 쓰는 이유는 그곳들의 그리스도인들이 직면한 문제가 구원을 받으려면 율법의 행위를 해야 한다는 유대주의자들의 요구가 아니고, 그 두 헬라 대도시들에 만연한 우상숭배와 음행 등을 끊지 못하는 것이었기 때문입니다(특히 고전 5-6장, 8-10장; 살전 4:1-8 참조). 그래서 바울은 그 서신들에서 그 수신자들의 세례 때 그들이 하나님이 그리스도 안에서 이루신 구원 사역을 덕입고 하나님의 거룩한 영(성령)을 받아 하나님의 거룩한 백성("성도"들)이 된 것을 강조하고, 그러므로 이제 거룩하게 살아야 함을 가르치는 것입니다(특히 살전 4:1-8; 3:13; 5:23 참조). 그러니까 고린도전서와 데살로니가전서에서 바울은 자신의 주된 복음 선포의 범주인 "칭의"를 그 두 도시들에 사는 그리스도인들에게 "성화"의 범주로 상황화하여 선포한 것이라고 볼 수 있습니다("칭의"가 바울의 복음 선포의 주된 범주임은 그가 고린도전서에서도 길게 설명하지는 않지만 여전히 "칭의"를 언급하고 있는 데서[고전 1:30; 6:11; 15:54-57], 그리고 데살로니가전서에서도 "성화"를 하나님의 최후의 심판의 틀 안에서 언급하는 데서[살전 3:13; 5:23] 잘 드러납니다).

4. 하나님의 자녀들 됨(入養, adoption)

하나님의 "자녀들 됨"은 가족 관계에서 오는 그림입니다. 하나님은 이스라엘을 선택하시어 그들에게 하나님 노릇을 해 주시겠다고 언약하셨습니다. 그래서 이스라엘은 하나님의 왕 노릇 해주심을 받는 하나님의 백성이 되고, 하나님의 아버지 노릇 해주심을 받는 하나님의 자녀들이 되었으며(출 4:22-23), 하나님의 목자 노릇 해주심을 받는 양 떼가 되었습니다.

그러나 이스라엘은 언약의 관계가 요구하는 하나님에 대한 의무, 즉 하나님께 의존하고 순종하기를 하지 않음으로 인해 하나님의 백성됨에 실패했습니다. 다시 말해, 언약이 파기되었습니다. 그래서 앞에서 설명한 대로, 예수는 다니엘 7:9-28과 이사야 42:6; 49:6; 53장의 예언에 따라 하나님의 아들로서, 즉 하나님의 종말의 백성의 "내포적 대표"인 "그 '사람의 아들'"로서 스스로 십자가에 대속과 새 언약의 제사로 바쳐졌습니다(막 14:21-25). 그래서 우리는 이렇게 세워진 하나님의 새 언약을 믿음으로 덕입어 우리의 "내포적 대표"인 예수 그리스도의 하나님 아들됨에 참여함으로써 하나님의 자녀들이 됩니다. 예수 당시 유대인들은 하나님을 감히 "아빠"라고 부르지 못했는데, 예수는 아주 독특하게 하나님을 "아빠"라고 부르면서 그를 따르는 제자들에게도 하나님을 그렇게 부르도록 했습니다(참조: 주기도문의 첫마디). 그리하여 예수는 하나님의 아들인 자신이 그를 믿고 따르는 자들로 하여금 하나님의 자녀들이 되게 함을 시사한 것입니다. 하나님은 이러한 예수를 부활시킴으로써 예수가 자신의 아들임을 확인하시고 그의 죽음이 과연 우리를 하나님의 자녀들/백성 되게 하는 새 언약의 제사였음을 확인하셨습니다. 그래서 우리는 우리의 세례 때 하나님의 아들 예수 그리스도의 대속과 새 언약을 위한 죽음과 부활의 복음을 믿음을 공식적으로 고백함으로써 예수 그리스도의 새 언약의 덕을 입어 그의 하나님 아들됨에 참여하는 하나님의 자녀들이 된 것입니다. 우리의 세례 때 우리에게 성령이 부여되는데, 그 성령은 하나님 아버지의 영이면서 동시에 하나님 아들의 영입니다(롬 8:9-10. 이 삼위일체적 진리는 많은 설명을 요하는데, 여기서는 생략할 수밖에 없습니다. 필자의 『요한복음 강해』[두란노, 2011], 183-202를 보시오). 하여간, 그래서 우리는 세례 때 성령을 받는데, 그 성령은 우리가 하나님의 아들되기(입양)를 확인하는 하나님의 아들의 영으로서 우리 안에 내주하시며, 우리로 하여금 하나님을 향해 "아빠!"라고 부르게 하십니다(롬 8:14-15. 바울은 롬 8:15에 예수가 쓰던 이 독특한 아람어 호칭 "아빠"를 로마의 독자들을 위해서 헬라어 "아버지"로 번역하여 덧붙임).

예수 그리스도 안에 이루어진 하나님의 구원을 우리가 믿음으로 덕입음을 하나님의 자녀 되기(입양)의 그림으로 설명하는 것도 결국 창조주 하나님과 올바른 관계에로 회복됨을 말하는 것입니다. 아담과 그의 후손들인 인간들은 영원하신 하나님, 무한한 능력과 지혜와 사랑을 가지신 하나님의 아버지 노릇 해주심을 거부하고 예수의 "탕자의 비유"의 탕자같이 하나님 아버지의 부요한 집을 떠나 결국 사탄의 노예가 되어 죽음에 이르게 되었습니다. 그러나 하나님은 자신의 아들 예수 그리스도의 대속과 새 언약의 제사로 말미암아 우리를 다시 자신의 부요한 집으로 돌아오게 하시고, 예복을 입히시고, 가락지를 끼워주시고(곧 상속자의 지위로 회복되게 하시며), 소를 잡고 풍악을 울리는(곧 충만하고 기쁨이 넘치는) 잔치에 들어가게 하셨습니다. 그리스도 안에 있는 구원을 믿음으로 덕입음을 하나님의 자녀로 입양됨으로 그리는 것은 이렇게 우리 인간들이 아담의 숙명을 극복하고 하나님의 무한한 부요

함을 덕입어(상속받아) 사는 사람들, 하나님의 충만한 삶(영생)을 얻는 사람들이 된다는 뜻입니다. 창조주 하나님을 "아빠"라고 부르는 그분의 자녀들이 되어 그분께 의존하고 순종해서 그분의 무한한 자원(지혜, 능력, 사랑, 영원성 등)을 얻는 사람들이 된다는 뜻입니다. 이리하여 우리는 우리에게 모든 고난들을 가져다주는 우리의 피조물적 한계성/결핍성을 극복하고 창조주의 초월성/충만에 참여하여 그의 신적 생명을 얻게 됩니다. 이것이 곧 성경이 가르치는 "영생"입니다. 그 구원의 완성을 종말에 얻기 전 현재에도 우리는 하나님을 "아빠"라 부르며 그분께 의지하고 순종할 수 있는 믿음 주시기를 빌고, 우리에게 필요한 것들을 채워 주시길 빌면서 그분의 아빠 노릇 해주심을 덕입어 살아가는 것입니다.

5. 새로운 창조, 새 피조물 됨(new creation)

이 그림은 우리의 옛 아담적 자아가 우리의 "내포적 대신"인 그리스도 안에 내포되어 그와 함께 죄에 대해 죽고 새 아담적 존재로 부활했다는 구원의 실재를 나타냅니다. 즉 새로운 피조물은 옛 아담같이 스스로를 하나님께 닫아 버리는 존재가 아니라, 하나님의 원래 뜻대로 하나님께 열린 존재로서 하나님께 의존하고 순종하는 올바른 관계를 갖는 전혀 새로운 사람이 되었다는 것입니다. 그래서 바울은 "누구든지 그리스도 안에 있으면 새로운 피조물이라"고 했습니다(고후 5:17).

우리가 어떻게 그리스도 예수 안에 있게 됩니까? 그가 "우리를 위해" 우리의 "내포적 대신"으로 죽고 부활하셨다는 것을 받아들임으로써, 그가 나의 대신이고 우리 모두의 대표임을 인정함으로써 그의 죽음과 부활에서 그와 연합됨이 효력을 발생하게 하여, "그리스도 안에" 있는 자가 됩니다. 그리스도 안의 구원에 대한 이 그림언어 "새 창조/새 피조물 됨"은 우리에게 우리가 옛 아담적 죄와 죽음의 숙명으로부터 벗어났음을 의미하여 위안을 주기도 하지만(고후 5:17), 다른 한편 새 아담적 존재로서 하나님께 의존하고 순종하는, 거룩하고 의로운 삶을 사는 자들이 되어야 한다는 사명감도 줍니다(골 3:9-10).

지금까지 살펴보았듯이, 의인 됨, 하나님과 화해함, 성화됨, 하나님의 자녀들 됨, 새로운 피조물 됨 등의 그림들로 표시하려 한 구원의 실재(reality)는 피조물인 우리가 창조주 하나님께 의존하고 순종하는 올바른 관계에로 회복되어 하나님의 충만에 참여하는 신적인 삶(영생)을 얻는 것입니다. 이 구원은 우리를 대신하고 대표하여 죽고 부활하신 예수 그리스도를 믿음으로 얻게 됩니다. 바울은 이 구원을 이러한 다양한 그림언어들로 선포(설명)하여서 그 구원을 더욱 깊고 넓게 이해하고 우리 삶의 다양한 정황들에 더 절실(real)하게 하려는 것입니다.

6. 구원의 종말론적 구조

"이미 구원(의 첫 열매)을 받았다 – 그러나 구원(의 완성)은 그리스도의 재림 때 받을 것이다."

신약성경은 구원을 세 시제들을 써서 설명합니다. 구원의 과거, 구원의 현재, 구원의 미래입니다. 우리가 이미 구원을 받은 것으로 기술하기도 하고(예: 롬 5:1; 8:1-2; 고전 6:11; 골 1:13-14), 주 예수 그리스도가 다시 오실 때 우리가 구원받을 것이라고 기술하기도 합니다(예: 롬 5:9-10; 8:31-38; 고전 1:8; 살전 1:10; 5:10). 이 현상은 바로 신약성경의 독특한 종말론 때문에 일어나는 것입니다. 이와 같은 종말론을 좀 더 쉽게 이해하기 위해 다음의 그림을 보는 것이 도움이 됩니다.

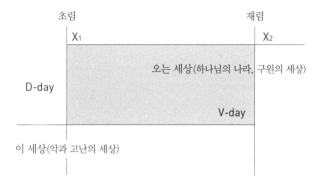

이것은 기독교의 종말론을 보여 주는 그림입니다. 예수 당시 유대교는 역사를 두 세대들/세상들로 나누어 보았습니다. 사탄이 죄와 죽음으로 통치하는 "이 세대/세상" 끝(즉 종말)에, 즉 "주의 날"에 주 하나님께서 오셔서 이 세대/세상을 심판하시고 자신의 구원의 통치를 실행하시는 "오는 세대/세상"을 시작하시어 자기 백성 이스라엘로 하여금 자신의 통치에 참여하고 모든 열방을 통치하게 하시리라고 생각했습니다. 이런 역사관/종말론의 맥락에서 예수가 오셔서 하나님 나라의 복음을 선포하고, 그의 대속과 새 언약의 제사로서의 죽음과 부활로 구원의 시대를 벌써 열었습니다. 그래서 우리는 그 복음을 믿음으로 말미암아 이미 의인이라 칭함 받고, 하나님과 화해되고, 하나님의 성도가 되었고, 하나님의 자녀들로 입양

되었으며, 구속되고, 새 피조물이 되었습니다(롬 5:1-11; 고전 6:11; 골 1:13-14; 고후 5:17 등). 그러므로 우리는 예수 그리스도의 구원 사역과 함께 이미 온 하나님 나라, 하나님의 구원의 통치가 이루어지는 '오는 세대/세상', 즉 구원의 세대/세상에 참여하게 된 것입니다.

예수 그리스도는 그의 부활로 사탄에 대해 결정적 승리를 거두셨고, 우리는 구원의 "첫 열매"를 얻게 되었다

예수 그리스도의 부활은 이 세상에서 왕 노릇 하는 사탄의 궁극적인 무기인 죽음을 파괴한 사건입니다. 예수가 사탄을 이겼습니다. 승리했습니다. 그리하여 "예수가 주이시다"라는 복음이 선포되고, 하나님의 아들 주 예수 그리스도가 하나님의 통치를 대행하는 나라/시대가 이미 온 것입니다. 그렇다고 이제 사탄이 완전히 사라지게 되었습니까? 그렇지 않습니다. 예수의 부활로 사탄은 결정적인 패배를 당했지만, 그것은 등뼈가 부러진 정도의 패배였습니다. 그것으로 인하여 사탄은 더 이상 예수를 이길 수 없습니다. 그래도 사탄은 아직사지에 힘이 많이 남아서 인간들을 여전히 시험합니다. 인간

들로 하여금 하나님의 의와 생명의 통치를 받지 말고 자신의 죄와 죽음의 통치를 받도록 합니다. 그리하여 인간들이 그의 뜻을 좇아 죄악을 행하면, 그는 그들에게 온갖 고난들로 증상을 나타내는 죽음을 가져다줍니다. 바로 이 때문에 이 세상에 지금도 악과 고난이 그렇게 많은 것입니다. 그러기에 현재의 세대/세상은 사탄의 죄와 죽음의 통치와 하나님의 대리통치자이신 주 예수 그리스도의 구원의 통치가 함께 일어나 서로 각축하는, 또는 주 예수 그리스도가 사탄의 통치를 무찔러가는 공간/시간입니다.

그러면 등뼈가 부러진 사탄은 언제 완전히 제거됩니까? 예수의 재림(그림에서 X₂로 표시) 때입니다. 하나님의 통치권을 위임받은 하나님의 아들 주 예수 그리스도가 다시 와서 사탄을 당신의 발등상(발판)으로 만드는 때입니다(고전 15:23−28). 그때 사탄이 통치하는 "이 세대/세상"은 드디어 완전히 종식되고, 예수 그리스도의 초림(그림에서 X₁으로 표시)으로 출범(出帆)한 하나님 나라, 즉 "오는 세대/세상"은 완성에 도달합니다. 그때 죄와 죽음이 사라지고 우리의 구원은 완성됩니다.

신학자들은 이것을 제2차 세계대전의 경험을 비유로 삼아 설명합니다. 예수가 처음 오셔서(초림) 십자가에서 죽으시고 부활하심으로 사탄을 결정적으로 이겨 구원을 이루신 것을 1944년 6월 4일 'D-Day'(Decision-Day, 전쟁을 결판내는 날)에 영미 연합군이 프랑스 노르망디 해변에 상륙하여 독일군을 결정적으로 무찌른 것과 견줍니다. 그러나 그 D-Day의 승리로 전쟁이 끝났습니까? 그렇지 않습니다. 그날 독일군이 결정적인 패배를 당했어도, 승리한 연합군에 계속 저항하며 싸웠습니다. 연합군이 독일의 수도 베를린을 함락하고 독일이 정식으로 항복한 1945년 5월 8일에야 비로소 전쟁이 끝났습니다. 그때를 연합군이 승리한 날이라 하여 'V-Day'(Victory-Day)라 부릅니다. 주 예수 그리스도의 초림이 "이 세대/세상"의 왕 사탄에 대해 결정적인 승리를 거둔 'D-Day'이고, 그의 재림이 'V-Day'의 순간이 되어서 사탄을 완전히 제거함으로써 죄악과 죽음이 있는 "이 세대/세상"을 끝장내고 하나님의 의와 생명으로 충만한 "오는 세대/세상"이 완성됩니다.

우리 구원의 이러한 종말론적인 구조 때문에 바울은 예수의 죽음과 부활의 복음을 믿어 세례 때 우리가 받은 구원을 구원의 "첫 열매"라고 부릅니다(롬 8:23). 그것은 예수의 재림 때 받을 구원의 전체적인 추수(모든 열매 얻기), 즉 구원의 완성은 아직 도래하지 않은 미래에 있을 것임을 내포하고 있는 말입니다. 예수 그리스도의 재림 때 이 구원의 완성이 이루어질 것입니다. 그러기에 세례 때 우리는 "구원을 받았다"고 과거형으로 말할 수 있는데, 그것은 어디까지나 장차 그리스도의 재림 때 받을 완전한 구원의 첫 열매에 불과하기에, 바울과 신약의 여타 복음 선포자들은 그리스도의 재림 때 완성될 구원을 지칭해서 "구원을 받을 것이다"라는 미래형의 언어를 쓰는 것입니다.

이 사실을 가장 잘 요약해서 가르치는 곳이 로마서 5:1-11입니다. 여기에서 바울은 "우리는 예수 그리스도의 대속의 죽음을 믿음으로 덕입어 이미 의인이라 칭함 받고 하나님과 화해되었다는 것; 그리하여 현재 하나님과 올바른, 화평한 관계에 서서 하나님의 은혜를 덕입어 살 수 있게 되었다는 것; 그러기에 우리는 장차 있을 최후의 심판에서 부활하신 그리스도의 생명(곧 그의 중보; 롬 8:34 참조)으로 하나님의 진노로부터 구원을 받을 것이고 하나님의 영광을 얻을 것이다"라고 가르칩니다. 이 설명에서 볼 수 있듯이(특히 9-10절 유의), 우리가 세례 때 받은 칭의와 화해는 장차 종말에 얻을 하나님의 완성된/충만한 구원(하나님의 영광을 얻는 것)의 "첫 열매"입니다.

방금 우리는 우리가 사는 현 "세대/세상"은 사탄을 결정적으로 이기신 주 예수 그리스도와 그럼에도 굴복하지 않는 사탄의 주권/통치가 각축하는 시간이요, 장임을 살펴보았습니다. 이 사실은 우리로 하여금 이미 받은 구원의 첫 열매로 인해 하나님께 감사하고, 그것에 의거해 주 예수 그리스도의 최후의 승리에 대한 확신을 가지고 안도하며, 그가 가져올 구원의 완성(하나님의 영광, 신적 생명, 영생 얻기)에 대한 소망을 가지고 기뻐할 수 있게 합니다(롬 5:1–2). 그러나 이 사실은 다른 한편 우리로 하여금 고린도의 그리스도인들처럼 마치 지금 벌써 구원의 완성을 받은 양 자만해서 제멋대로 살며 방탕해서는 안 되고, 아직도 엄연한 사탄의 죄와 죽음의 통치에 대한 경각심을 가지고 그 아래에 떨어지지 않도록 의롭고 거룩한 삶을 살아가도록 합니다(고전 4:8: 너희는 벌써 [하나님 나라의 잔치에 참여하여] 배부르며 부요하게 되었구나! 우리와는 달리 벌써 [하나님의 세상에 대한 통치권에 동참하는] 왕들이 되었구나! 제발 그랬으면 얼마나 좋을까? 그러면 우리도 너희와 같이 왕 노릇 할 수 있을 테니 말이다! [4:9–11: 그러나 우리가 사도로서 지금 겪고 있는 고난들에서 아직도 엄연한 사탄의 죄와 죽음의 통치를 직시하라!]).

의인이라 칭함 받은 자들의 의로운 삶(칭의의 현재적 과정)

우리가 아직 주 예수 그리스도와 사탄의 주권/통치가 각축하는 "세대/세상"에 살기에, 바울은 우리 그리스도인들은 세례 때 예수를 주로 고백함으로써 칭의를 받은(즉 하나님과 올바른 관계에로 회복된, 하나님 나라에 들어간 또는 하나님의 통치를 받는) 사람들로서, 즉 사탄의 통치에서 구속(해방)되어 하나님의 통치를 대행하는 그의 아들 주 예수 그리스도의 통치 아래로 이전된 사람들로서(골 1:13-14) 더 이상 사탄의 죄와 죽음의 통치를 받지 말고 주 예수 그리스도의 의와 생명의 통치를 받으며 살아야 함을 강조합니다. 그것이 그의 모든 편지들에 들어 있는 윤리적 권면들의 내용입니다. 이 요구를 가장 명료하고 포괄적으로 하는 것이 로마서 12:1-2입니다. 이 구절은 아담같이 사탄의 죄와 죽음의 통치를 받으며 살아온 죄를 사면받고 하나님과 올바른 관계에로 회복된 "의인"들이 어떻게 하나님의 의롭고 거룩한 백성으로 살아야 하는지를 가르치는 로마서 12:3-15:13의 명제입니다. 바울은 권면합니다: "너희는 이 세대를 본받지 말고 오직 마음을 새롭게 함으로 변화를 받아 하나님의 선하시고 기뻐하시고 온전하신 뜻이 무엇인지 분별하도록 하라"(롬 12:2). 이 구절에서 "너희는 이 세상(세대)을 본받지 말라"는 말은 사탄의 통치가 아직도 엄연한 이 세상의 정신과 가치관과 삶의 방식에 따라 살지 말라는 뜻입니다. 즉 사탄의 통치를 받아 옛 아담같이 하나님께 불순종하고 자기주장을 하려는 의지로 사는 이 세상의 도를 따르지 말고, 하나님이 우리를 그리스도 안에서 의인, 성인, 새 피조물(새 아담적 존재)이 되게 하셨으니(롬 1–11장), 실제로 우리 자신을 하나님께 거룩한(세상에 의해 오염되지 않은) 제사로 드리라는 것입니다. 그렇게 하기 위해서는 옛 아담적 "마음"을 버리고 "의인"으로서, 즉 새 아담적 존재로서 새로운 "마음"을 갖는 것이 긴요합니다. 옛 아담적 마음은 근본적으로 자기를 주장하며 자기 힘으로 자신의 안녕과 행복을 얻고자 하는 마음이며, 새 아담적 새 "마음"은 근본적으로 하나님을 의식하는 마음, 하나님께 의지하고 순종하고자 하는 마음입니다. 우리는 이 새 마음을 가졌을 때만 혼돈의 세상에서 하나님의 "선하시고 기뻐하시고 온전하신 뜻"을 "분별"하고, 그 뜻을 집행하는 주 예수 그리스도의 통치에 순종하게 되며, 그리하여 그 뜻을 이루어 드릴 수 있기 때문입니다.

그리스도 안에서 "의인"되고 "성인"된 우리는 가치판단과 윤리적 선택의 갈림길에 설 때마다 먼저 어느 길이 주 예수 그리스도의 통치를 받는 길이고, 어느 길이 사탄의 통치를 받는 길인가를 분별해야 합니다. 그러면 그런 분별의 기준은 무엇입니까? 로마서 14:17에서 바울은 하나님 나라의 가치들, 즉 우리가 주 예수 그리스도가 대행하는 하나님의 통치를 받음으로써 이루어야 할 가치들을 "(정)의와 화평과 기쁨(행복)"으로 요약하고 있습니다. 거기서 우리는 사탄의 통치는 그 반대로 우리로 하여금 "불의와 갈등과 고난"을 증대하라고 하는 것임을 깨달을 수 있습니다. 그러므로 우리는 일상의 대인 관계에서, 일터에서, 그리고 사회, 정치, 경제, 문화의 장들에서 "(정)의와 화평과 기쁨(행복)"을 증대하는 길이 어떤 것인가를 분별하여 그 길을 택하여 가야 합니다. 이것이 주 예수 그리스도의 통치를 받는 것이며, 그 길에 역행하는 것이 사탄의 통치를 받는 것입니다. 주 예수 그리스도의 통치를 받는 것은 "그리스도의 법"을 지키는 것이라고도 할 수 있습니다. 주 예수 그리스도는 모든 계명들을 "하나님을 혼신을 다하여 사랑하라"와 "이웃을 네 몸같이 사랑하라"는 이중 사랑 계명으로 요약하여 하나님 나라의 계명으로 주셨습니다 (막 12:28-34/마 22:35-40/눅 10:25-28). 사도 바울은 그 이중 사랑 계명을 자신이 지키는 "하나님의 법" 또는 "그리스도의 법"(고전 9:21; 갈 6:2)이라 부르면서, 그리스도인들이 모두 이 법을 지켜야 한다고 가르칩니다. 그러기에 바울이 그의 편지들에서 하는 모든 윤리적 권면들은, 그것들의 뜻을 제대로 분석해보면 모두 이 "그리스도의 법"을 우리 삶의 다양한 정황들에 적용하여 실행하라는 것임을 알 수 있습니다. 우리는 물론 우리의 개인적 대인관계에서 이 이웃 사랑의 법에 순종하여 가족과 친구들, 동료들, 이웃에게 착하고 온유하고 관용하며 신실하게 대해야 합니다. 그리하여 우리의 대인관계에서 의(관계에서 나오는 의무를 다함)를 이루고, 화평을 이루며 기쁨을 얻게 되는 것입니다. 우리는 삶의 현장에서 일할 때도 이 "그리스도의 법"에 순종해야 합니다. 우리가 가령 사업장에서 특히 맘몬 사랑의 형태로 나타나는 우상숭배와 이웃 착취로 돈을 많이 벌어 자신의 안녕과 행복을 추구하라는 사탄의 통치/명령을 거부하고, 하나님을 사랑하고(즉 의지하고 순종하고) 이웃을 사랑하라는 주 예수 그리스도의 통치/명령을 받들어, 우리 자신의 적정한 이익만을 취하고 직원들에게나 고객들에게도 적정한 이익을 주면 *정의*를 행하고, 그리하여 *화평*을 증진하여, 모두에게 *행복*을 가져다주는 것입니다. 이것이 사탄의 나라의 "불의, 갈등, 고난"에 반하여 하나님 나라의 "정의, 평화, 행복", 곧 하나님 나라의 구원을 현실화해 가는 길입니다.

그런데 로마서 14:17에서 바울은 우리가 하나님/주 예수 그리스도의 통치의 이러한 열매들을 얻을 수 있는 것은 "성령 안에서", 즉 성령의 도움으로 가능하다고 합니다. 이 가르침을 전개한 것이 로마서 8:12−14과 갈라디아서 5:16−25의 가르침입니다. 앞의 예를 들어 계속 설명하자면, 내가 한 사업가로서 나의 회사의 제품을 어떻게 생산할까, 나의 직원들의 임금과 나의 생산품의 가격을 어떻게 책정하고, 나는 얼마나 이익을 취할까를 생각할 때, 사탄은 되도록 싼 재료를 써서 생산하고, 되도록 낮은 임금을 주며, 되도록 높은 가격을 매기되 거짓 과장 광고로 대량 판매하여 나의 이익을 극대화하라고 내 "육신"(자기주장을 하여 자기 이익을 확대하려는 아담적 삶을 살고자 하는 자아)을 충동합니다. 이때 성령(주 예수 그리스도의 영)은 우리에게 그 길은 맘몬 우상숭배의 길이요, 이웃 착취의 길로서 사탄의 통치를 받는 길, 죄를 짓고 죽음(불의, 갈등, 불행)을 낳는 길임을 깨우쳐 주시면서, 내가 주 예수 그리스도에게 믿음의 순종을 서약한 자로서 두루 정의, 평화,

행복을 이루기 위해 좋은 재료를 쓰고 적정한 임금과 상품가를 정하도록 인도하십니다. 그때 내가 "세상적으로" 자기 이익을 극대화하는 동료 사업가들의 예들을 생각하면서, 나도 그들과 같이 하지 않으면 내 사업이 어려워지지 않겠나 불안해할 때 성령은 내게 주 예수 그리스도에 대한 믿음(신뢰/의지)을 북돋우시며 "그리스도의 법"(이중 사랑 계명)을 지켜 정의, 평화, 행복을 증대하는 결정을 하도록 도우십니다. 이렇게 성령은 우리로 하여금 사탄의 죄악된 통치의 유혹을 물리쳐 "육신의 열매들"(갈 5:19-21: 우상숭배와 방탕, 온갖 갈등과 쟁투, 불행)을 맺지 않도록 하고, 주 예수 그리스도의 의의 통치를 받아 "의의 열매들"(빌 1:11)을 맺게 합니다. 바울은 우리가 이렇게 성령의 깨우쳐 주심, 인도하심, 믿음 주심으로 인하여 하나님 나라의 가치들인 정의와 평화와 행복을 이루기 때문에 그것들을 "성령의 열매들"이라고도 합니다(갈 5:22-23. 이 구절에서 예로 든 "성령의 열매들"도 이웃에 대해 의롭게 대함[즉 이웃 사랑: 관용, 친절, 선함, 신실함, 온유함, 절제]으로 평화와 기쁨[행복]을 낳는 것들임에 유의할 것).

우리가 이렇게 성령의 도우심으로 주 예수 그리스도의 통치에 믿음의 순종을 하여, 곧 그 통치를 받는 삶을 살아 "정의, 평화, 행복"의 형태로 나타나는 하나님 나라의 구원을 누리는 것이 칭의의 현재 과정입니다. 누차 되풀이하였지만, 우리는 세례 때 주 예수 그리스도의 대속과 새 언약의 죽음을 믿고 그를 주라 고백함으로써 죄사함을 받고 하나님과 올바른 관계에로 회복되었습니다. 예수의 언어로 말하자면, 하나님 나라로 *들어갔습니다*. 그리하여 하나님 나라의 백성이 되었습니다. 이것이 칭의의 과거입니다. 이렇게 구원의 첫 열매를 받은 우리는 주 예수 그리스도의 재림 때 하나님의 최후의 심판석에서 우리의 칭의가 확인되어 구원의 완성을 받을 것입니다. 그것이 칭의의 미래입니다. 그러므로 중요한 것은 이미 "의인"이라 칭함 받은 자들로서, 즉 하나님 나라에 들어간 자들로서, 지금 현재 성령의 인도하심과 믿음 주심을 받으며 주 예수가 대행하는 하나님의 통치에 계속 믿음의 순종을 하여 "의의 열매"를 맺으며 그 하나님 나라에 계속 머물러야/서 있어야 한다는 것입니다(롬 5:2; 고전 10:11). 즉 세례 때 "의인"이라 칭함받은(그리하여 "의인" 된) 우리는 현재 계속 "의인"(의를 행하는 사람)으로 살아가야 합니다. 그래야 우리는 우리의 행위대로 심판하시는 하나님의 최후의 심판에서(고후 5:10) "흠 없는" 자들로 "의인"이라는 최종 판결을 받아(빌 1:9-11;

살전 3:13; 5:23) 하나님의 영광에 참여하고 그분의 신적 생명 (영생)을 얻게 되는 것입니다(롬 5:1-11; 8:31-38).

바울의 칭의론을 이렇게 해석하는 것을 "행위 구원론"을 가르친다고 비난하는 사람들이 더러 있는데, 여기서 그들이 유의해야 할 것은 우리가 예를 들어 보여준 것처럼 "칭의의 현재 과정"에서도 우리가 오로지 *성령의 은혜(인도하심과 믿음 주심)를 믿음으로 덕입어* 이루어진다는 사실입니다. 우리의 칭의는 과거, 현재, 미래의 전 과정에서 과연 "은혜로만", "믿음으로만" 이루어지는 것입니다. 세례 때 첫 열매로 시작된 우리의 칭의가 종말의 최후의 심판 때의 완성을 향해 가는 현재에서 우리의 실제적인 의로운 삶으로 나타난다는 것을 혹 "행위 구원론"이 될까 봐 무시하는 것은 윤리를 구조적으로 내포하지 않는 잘못된, 비성경적 칭의론을 가르치는 것이며, 의로운 삶을 살지 않는 "의인들", 거룩한 삶을 살지 않는 "성도들"을 양산하는 한국 교회의 현재의 비극을 지속하는 것입니다.

최근까지 칭의의 이러한 과거, 현재, 미래의 세 시제들과 그들의 상호 관계가 제대로 이해되지 못했습니다. 그렇게 된 데는 약 100여 년 전까지만 해도 신학자들이 구원의 종말론적인 구조("이미 첫 열매는 받음 – 그러나 그 완성은 종말에 얻음")를 잘 이해하지 못한 것이 한 원인이었습니다. 그러나 바울이 우리가 세례 때 의인이라 칭함 받음과 하나님의 최후의 심판 때 우리가 의인이라 판정받아 구원의 완성을 얻는 것을 명백히 밝히는 반면, 구원의 그 두 순간들 사이의 중간 기간에 우리가 의롭게 살아야 함을 가르치면서 그것을 "칭의의 현재 과정"이라는 뜻으로 명백히 언급하지 않으니까, 개신교 신학자들은 그 과정을 "성화"라고 지칭하며, 이른바 "칭의 – 성화 – 영화"라는 "구원의 서정"(구원의 순서; order of salvation)을 세운 것입니다. 그러면서 복음 영접을 통한 이른바 "회심"과 "구원의 확신"을 강조하는 개신교에서 더러는 세례 때 받는 칭의 구원을 마치 구원의 전체인 양 가르치고, 일부 교파들에서는 최후의 심판 때의 구원의 완성을 사실상 예정론(우리를 하나님께서 태초부터 종말의 구원을 받도록 미리 정하셨다는 교리)과 성도의 견인론(하나님이 구원하시기로 미리 예정한 자들을 끝까지 지키신다는 교리)과만 연결시킴으로써, 신자들에게 세례 때 한 번 받은 구원은 영원한 구원이라는 인식을 심어준 것입니다.

그런 교파들에서도 "성화"를 가르쳐 세례 때 칭의 받은 사람들도 거룩한 하나님의 백성으로 살기를 권면하나, 그것을 대체로 예배와 성경읽기와 기도 등 경건 생활에 힘쓰기, 불상에 절 안 하기, 제사 안 지내기, 술과 담배 안 하기, 음행 안 하기 등과 개인 윤리 차원에서 온유하고, 정직하고, 사랑을 베푸는 사람이 되는 것 등으로 국한하여 가르쳐 왔습니다. 그러나 성화를 세례 때의 칭의와 구조적으로 연결시켜 설명하지 않음으로써, 앞에서 설명한 대로, 이미 세례 때 받은 칭의 구원을 끝까지 유효한 확실한 구원으로 인식하는 사람들에게는 성화에 힘써 최후의 심판 때 "상급"을 받으면 좋겠지만, 설령 그렇지 못한다 해도 구원은 확실히 받을 테니까 안도할 수 있다는, 옳지 않은 이른바 "구원의 확신"을 가지게 했습니다. 그 결과 한국 기독교에서 구원과 윤리가 구조적으로 분리되어 바울이 자주 요구하는 "복음/하나님의 소명에 합당한 삶"(엡 4:1; 빌 1:27; 골 1:10; 살전 2:12; 살후 1:11)을 삶의 모든 영역에서 실천하려고 노력하는 사람들이 많지 않고, 의인이라 칭함 받았다고 생각하는 그리스도인들의 수가 천만에 가깝고, 특히 그리스도인이라는(즉 세례 때 의인이라 칭함 받은) 정치가들, 검사들, 판사들, 기자들, 사업가들이 그렇게 많아도, 그들을 통해서 한국 사회에 정의와 평화와 행복이 증진되는 모습을 보기 어려운 것입니다.

물론 "구원의 서정"론은 앞서 우리가 살핀 대로 "성화"(하나님께 바쳐져서 그분의 소유된 거룩한 백성되기)가 "칭의"(하나님과 올바른 관계에로 회복되어 그의 의로운 백성되기)의 동의어 또는 병행어로서, 그것도 세례 때 "성인" 되었고(고전 1:2; 6:11), 현재 자신을 하나님께 거룩한 제사로 바치는 삶을 살며(롬 12:1-2), 장차 하나님의 최후의 심판에서 "성화에 흠 없는 자"로 판정받는다(살전 3:13; 5:23)는 세 시제들로 표현된다는 것을 제대로 깨닫지 못한 데서 기인한 것이기도 합니다. "칭의"와 "성화"가 동의어로서 똑같이 세 시제들로 표현되기 때문에 구원의 현재 단계를 "칭의의 현재 과정"(하나님과 올바른 관계에로 회복된 자로서 주 예수 그리스도가 대행하는 하나님의 통치를 받으며 살기)으로 표현할 수도 있고, "성화의 현재 과정"(하나님께 바쳐진 자로서 세상의 오염을 피하면서 자신을 하나님께 거룩한 제사로 바치며 살기)으로 표현할 수도 있습니다.

　그러나 신학자들이 칭의의 현재 과정을 제대로 이해하지 못한 가장 큰 이유는 바울의 복음을 기독론적인 큰 틀을 무시하고 인간중심적(anthropocentric) 관점에서 구원론적(soteriological)으로만 이해하려 했기 때문입니다. 최근까지 신학자들은 바울이 칭의의 복음을 가장 체계적으로 전개하는 로마서 1-8장에서, 당시 그리스도를 믿음과 더불어 모세의 율법을 지켜야 의인으로 칭함/인정받는다는 유대 그리스도인들의 주장에 맞서, 그것이 아니고 그리스도의 대속과 새 언약의 제사로서의 죽음과 부활로 우리를 위한 구원이 이루어졌다는 것과 우리 인간이 그것을 믿음으로만 덕입어 죄사함 받고 의인이라 인정/칭함 받는다는 것을 설파하는 것으로만 보았습니다. 그러나 로마서에서 바울은 칭의의 복음을 신중심적(theocentric) 관점에서 기독론적(christological) 큰 틀을 가지고 구원론을 펼칩니다. 우리는 이미 (이 책) pp. 103-109에서 로마서 1:3-4과 15:12의 신론적/기독론적 큰 틀의 의미를 존중하여 칭의를 단순히 죄인들이 죄사함 받아 의인이라 칭함 받는다는 뜻으로만 해석해서는 안 되고, 그들이 사탄의 나라에서 하나님의 나라로 이전되어 하나님의 통치를 대행하는 하나님의 아들 주 예수 그리스도의 통치를 받는 자가 된다는 뜻으로 해석해야 함을 설명했습니다. 그리고 이 책 6장에서 칭의의 복음을 신중심적 관점에서 기독론적으로 설명해 왔습니다. 그렇게 함으로써 우리는 하나님 나라의 출범(그리스도의 오심, 그분의 십자가 대속과 새 언약을 위한 죽음, 그리고 그분의 부활), 하나님 나라의 현재(부활하여 하나님의 통치권을 위임받은 그리스도가 지금 사탄의 통치를 무찔러 하나님의 통치를 실현해 감), 그리고 하나님 나라의 완성(주 예수 그리스도의 재림 때 사탄의 나라를 완전히 박멸하고 하나님 나라의 구원을 완성함)의 구조에 의거하여 칭의론의 세 시제 구조도 이해하게 되었고, 특히 현재적 칭의가 주 예수 그리스도의 의와 생명의 통치에 순종하는 의로운 삶을 통해서 실현되어 간다는 것을 이해하게 됨으로써, 바울의 칭의의 복음이 윤리를 구조적으로 내포하고 있다는 사실을 깨닫게 되었습니다.

성령은 우리의 구원을 보증하심

우리는 방금 칭의의 현재 과정에서 성령이 우리를 깨우쳐 주시고 믿음 주셔서 사탄의 죄와 죽음의 통치를 물리치고 주 예수 그리스도의 의와 생명의 통치에 순종하여 (정)의와 평화와 행복을 이루도록 하신다는 것을 살펴보았습니다. 그러나 성령의 역사는 우리의 세례 때, 아니 그 이전부터 시작됩니다. 성령이 우리로 하여금 예수 그리스도의 죽음과 부활의 복음을 받아들이도록(즉 믿도록) 하고, "예수가 주이시다"라고 고백하게도 하시기 때문입니다(고전 12:3). 성령의 그러한 깨우쳐 주심과 인도하심에 따라 세례 때 우리는 공식적으로 예수 그리스도의 죽음과 부활에 대한 믿음을 천명하고, "예수가 주이시다"라고 고백함으로 말미암아 구원을 받았습니다(롬 10:9). 세례가 우리의 믿음을 공식화하는 계제이므로, 그때 우리가 사탄의 죄와 죽음의 통치를 받는 자로서 죽고 주예수 그리스도의 통치를 받는 자로서 새로운 삶을 받았다는 것을 나타내기 위해 침례의 극(劇)을 하고, 겸하여 우리가 성령을 받은 자들임을 나타내기 위해 머리에 물을 뿌리는 극을 한 것입니다. 그러므로 바울은 로마서 8:23에서 우리가 세례 때 받은 구원의 첫 열매, 칭의, 화해, 성화, 입양 등의 그림언어들로 표현되는 구원을 "성령의(에 의한) 첫 열매"라고 부릅니다. 그것은 칭의의 현재 과정에서 우리가 성령의 도우심으로 얻는 또는 이루는 "의의 열매들"(빌 1:11), 정의와 평화와 기쁨(롬 14:17) 또는 사랑과 기쁨과 평화 등(갈 5:22–23)을 "성령의(에 의한) 열매"라고 부르는 것과 같은 뜻입니다.

우리가 구원을 또는 구원의 첫 열매를 받았다는 사실을 무엇이 증명합니까? 많은 그리스도인은 예수를 믿고 나서 자신의 내면에 생긴 평화와 기쁨 같은 것을 내세울 것입니다. 예수를 믿으면 그런 감정을 얻게 되는 것이 사실입니다. 그러나 그것들은 주관적이어서 어쩌면 환상일 수도 있습니다. 게다가 다른 종교들에도 이런 기쁨이 있다고 주장하는 사람들이 많습니다. 그러므로 구원의 첫 열매가 우리에게 기쁨과 평화와 소망을 주지만, 그런 것들 자체가 구원을 받았다는 확실한 증거가 될 수는 없습니다. 그러므로 "구원의 확신"을 개인의 주관적인 의식이나 감정의 차원에서 이해하려는 것은 옳지 않습니다.

우리가 구원 또는 구원의 첫 열매를 받았다는 확실한 증거는 우리가 예수 그리스도의 복음을 확실히 믿고 그를 주로 고백하는 것인데, 그 믿음이 헛된 것이 아니며, 그 고백이 헛되이 "주여, 주여" 외치는 것이 아니고 참된 것이라는 증거는 주 예수가 가르치신 하나님의 뜻을 실제로 행하는 것(마 7:21-23), 즉 주 예수가 대행하는 하나님의 통치에 순종하여 의의 열매를 실제로 맺는 삶을 사는 것입니다.

그런데 방금 본 대로 우리로 하여금 세례 때 복음을 믿고 예수를 주로 고백하게 하거나 칭의의 현재 과정 중 주의 통치를 받아 의의 열매를 맺게 하는 것은 성령이 하시는 일입니다. 그러므로 우리가 현재 예수를 주로 고백하고 그의 통치를 받아 의의 열매를 실제로 맺는 삶을 살고 있다면, 그것은 우리가 성령을 받았다는 증거이고, 우리 안에 성령이 내주하시며 역사하시고 있다는 증거입니다. 우리가 거짓말로 속임수를 쓰며 이웃을 착취하여 우리의 이익을 확대하는 길을 택할 것인가, 아니면 진실과 사랑으로 이웃을 대하여 정의와 화평을 이루는 길을 택할 것인가의 갈림길에서 우리가 사탄의 통치에의 순종을 뜻하는 전자를 물리치고 주 예수 그리스도의 통치에의 순종을 뜻하는 후자를 택하면, 그것은 우리 안에 내주하시는 성령이 우리의 양심에 하시는 말씀을 듣고 그분의 인도하심을 따랐다는 증거입니다.

많은 그리스도인들은 성령을 통해서 하시는 하나님의 말씀을 듣는 것을 특별한 신비스러운 카리스마적 체험으로 생각합니다. 옛 고린도의 그리스도인들처럼(고전 12-14장), 무속신앙을 떨쳐버리지 못하고, 요즘에는 도리어 그 속에 더 빠져드는 듯하는 한국의 그리스도인들 간에 그런 경향이 특히 강합니다. 간혹 그런 신비한 체험이 있다고 인정한다 해도, 우리가 정작 추구해야 할 것은 그런 것이 아니라, 성령이 우리 모두에게, 우리 모두의 내면의 양심에 우리가 읽는 성경 말씀들을 상기시키며 항상 말씀하시고 계시다는 사실을 알고 그 말씀을 들으려 노력하는 것입니다. 우리는 어려움이나 슬픔에 빠졌을 때 성령이 우리 마음에 하시는 위로와 힘주심의 말씀에 귀 기울여야 합니다. 특히 가치판단과 윤리적 선택의 순간마다 우리의 양심에 하시는 성령의 말씀에 귀 기울여야 합니다. 즉 우리가 당면한 구체적 상황에서 주 예수 그리스도의 뜻("그리스도의 법", 이중 사랑 계명)을 따르는 길이 무엇인가를 가르쳐 주시고, 세상적으로 보면 손해 볼 것 같아 주저되지만 그래도 그 길을 택하여 가도록 믿음 주시는 성령의 말씀을 들으려 애써야 합니다. 우리가 지금 실제로 그렇게 살고 있다면, 그것은 성령(하나님/그리스도의 영, 롬 8:9–11)이 우리 가운데 내주하고 계시다는 확실한 증거입니다.

그러므로 "구원의 확신"은 우리의 주관적 감정에 달린 것이 아니고, 우리 안에 내주하시는 성령에 힘입어 우리가 주 예수 그리스도를 굳게 믿고 구체적 삶에서 주 예수의 통치에 순종하여 "의의 열매" 곧 "성령의 열매"를 실제로 맺는 삶을 살고 있느냐/살고 있지 않느냐에 달린 것입니다. 우리가 현재 성령의 인도하심과 힘주심을 덕입어 주 예수 그리스도의 통치에 순종하여 "의의 열매"를 맺는 삶을 살고 있으면 우리는 칭의의 현재 과정에 확실히 서 있는 것이어서 종말에 주의 재림 때 확실히 칭의의 완성을 받을 것입니다. 그러기에 우리로 하여금 세례 때 칭의의 첫 열매도 받게 하시고, 현재 의의 열매를 맺음으로써 칭의의 상태에 서 있게 하시며, 종말에 칭의의 완성을 받게 하시는 성령을 바울은 우리의 구원의 "보증(자)"이라고 합니다(고후 1:22; 5:5; 엡 1:14).

칭의된 그리스도인들은
하나님 나라의 일꾼들이요 군대다

앞에서 우리는 우리가 사는 현 "세대/세상"은 사탄을 결정적으로 이긴 주 예수 그리스도와 그럼에도 굴복하지 않는 사탄의 주권/통치가 각축하는 시간이요 장이라는 것을 살펴봤습니다. 좀 더 정확히 말하면, 현 "세대/세상"은 십자가에서 우리를 위해 죽고 하나님에 의해서 부활되어 사탄을 결정적으로 꺾고 하나님의 구원의 통치를 대행하는 "주"로 높임 받은 하나님의 아들 예수 그리스도가 계속 저항하는 사탄의 세력들을 소탕해 가는 시간이요 장입니다. 하나님의 아들 주 예수 그리스도가 사탄의 세력을 소탕하는 전쟁이 완성되는 때, 그리하여 사탄의 나라가 완전히 종식될 때, 하나님의 나라(구원의 통치)가 이 땅에서 완성되는 "오는 세대"가 도래하게 됩니다. 이것을 우리는 제2차 세계대전의 경험에 빗대어 말할 수 있습니다. 앞서 보았듯이, 우리는 이 과정을 1944년 6월 노르망디에서 독일군을 결정적으로 꺾은 영미 연합군이 그래도 항복하지 않고 저항하는 독일군을 계속 소탕해 가서 근 1년 후에야 독일의 항복을 받음으로써 나치 폭압 통치를 종식시키고, 적어도 서쪽 독일에서는 민주정부를 세워 독일인들을 해방시켰던 것에 빗대어 이해할 수 있습니다.

바울은 하나님 나라가 사탄의 나라에 대해 승리해가는 이 과정을 고린도전서 15:23-28에서 설명하는데, 그 본문은 로마서 1:3-4의 복음을 전개한 것입니다. 두 본문들에서, 특히 고린도전서 15:23-28에서, 바울이 복잡하게 설명한 것을 정리하자면 다음과 같습니다: 하나님께서 사무엘하 7:12-14; 시편 2:7; 이사야 53:10-12 등의 예언대로 당신의 아들을 다윗의 아들(메시아)로 성육신하게 하시어 십자가에서 대속과 새 언약의 죽음에로 내어주시고 그를 죽음에서 일으키시어(즉 부활시키시어) 시편 110:1의 예언대로 자신의 우편에 앉히시고 자신의 권세(즉 통치권)를 대행하는 하나님의 아들, 곧 만유의 "주"로 선포하셨다(롬 1:3-4). 그것은 시편 110:1의 예언대로 모든 원수들(사탄의 세력들)을 자신의 "발등상" 되게 하기 위해서(즉 완전히 굴복시키고 멸망시키기 위해서)였다(15:25, 27a). 그래서 지금 하나님의 아들 주 예수 그리스도가 모든 원수들("모든 정사와 모든 권세와 능력", 즉 사탄의 세력들)을 멸망시켜 가고 있는데(15:24, 25), 마지막 멸망시킬 원수는 죽음이다(15:26). 하나님의 아들 주 예수 그리스도가 죽음까지 포함한 모든 사탄의 세력들을 완전히 멸망시키고 나서는 하나님으로부터 위임받은 통치권("나라")을 하나님 아버지께 돌려드릴 것인데, 그때가 종말이다(15:24). 그때 하나님은 그분의 평정된 온 세상 만물 위에 군림하시게 되고 하나님 나라는 완성된다(15:28).

하나님의 구원사에 대한 사도 바울의 이 가르침에 따라, 우리는 이 "세대/세상"을 하나님의 아들 주 예수 그리스도가 하나님 아버지로부터 위임받은 하나님의 통치권을 가지고 창조주 하나님의 의와 생명의 통치에 반란을 일으켜 온 세상을 자신들의 죄와 죽음으로 어지럽히는 사탄의 세력들을 멸망시켜 가는 시간이요, 장이라고 봐야 합니다. 예수 그리스도의 죽음과 부활의 복음을 믿고 그를 주로 고백함으로써 의인으로 칭함 받은 우리 그리스도인들(교회)은 하나님의 아들 주 예수 그리스도의 이 영적 전쟁에 일꾼들이요, 병사들로 부름 받은 또는 징집된 사람들입니다. 우리는 이 책에서, 전통적인 인간중심적 구원론적 해석에 따라 의인이라 칭함 받음, 곧 칭의를 단순히 우리가 우리 죄에 대해 사면받은 사람 되기로만 이해해서는 안 되고, 신중심적 기독론적 관점에서 하나님과 올바른 관계에로 회복되기, 즉 하나님 나라의 백성 되기, 사탄의 나라에서 하나님의 나라로 이전된 사람 되기, 사탄의 통치를 벗어나 하나님의 통치를 받는 사람 되기로 이해해야 함을 강조했습니다. 그리고 사탄을 결정적으로 이기신 주 예수 그리스도와 그럼에도 굴복하지 않는 사탄의 주권/통치가 각축하는 현 "세대/세상"에서, 성령의 인도하심과 믿음 주심의 은혜를 덕입어 예수를 주로 고백하면서 사탄의 죄와 죽음의 통치를 거부하고 주 예수 그리스도가 대행하는 하나님의 의와 생명의 통치를 받음으로써 하나님 나라의 정의와 평화와 행복을 증진하는 삶을 살아야 한다고 강조했습니다.

그러므로 칭의된 그리스도인들은 주 예수 그리스도의 통치를 받는(구체적으로 "그리스도의 법", 이중 사랑 계명을 실천하는) 삶을 삶으로써, 이 세상에서 사탄의 통치를 받는 사람들이 증진하는 불의와 갈등과 고난을 줄여가며 하나님 나라의 정의와 평화와 행복을 증진하는, 하나님 나라의 구원을 구체적으로 실현해 가는 하나님 나라의 일꾼들인 것입니다. 따라서 칭의된 그리스도인들은 불의와 갈등과 죽음/고난을 가져오는 사탄의 세력들을 무찔러 가는 주 예수 그리스도의 병사들입니다. 그러니까 하나님의 아들 주 예수 그리스도는 칭의된 그리스도인들로 하여금 그들의 삶에서 실제로 하나님의 통치를 받는 삶을 살도록 하여 사탄의 죄와 죽음의 통치를 무찌르고 하나님 나라의 샬롬을 이루어 가시는 것입니다.

이 진리를 가르치기 위해서 사도 바울은 전쟁의 그림언어들을 사용하기도 합니다. 로마서 6:11-23에서 그리스도의 대속의 죽음과 부활의 복음을 믿음으로 의인이라 칭함 받은 우리는 더 이상 죄[여기 의인화된 "죄"는 죄를 짓게 하는 사탄을 지칭함]로 우리의 왕 노릇 하게 하지 말고(즉 사탄의 통치를 더 이상 받지 말고), 우리 몸을 죄(즉 사탄)에게 불의를 위한 무기로 바치지 말고, 하나님께 의를 위한 무기로 바치라고 합니다.

이러한 면에서 가장 유명한 곳은 에베소서 6:10-20입니다. 이 본문은 불행히도 특히 한국 그리스도인들 사이에서는 샤머니즘적으로, 무속신앙적으로 오해되어 이른바 "영적 전쟁" 한다면서 귀신 쫓고 땅 밟기 선교하는 사람들에 의해 많이 오용되어 왔습니다. 그리하여 많은 사람들을 오도하고 많은 문제들을 낳는 본문입니다. 바울은 처음 10-13절에서 하나님의 백성인 우리 그리스도인들이 완전무장을 하고 악한 영적 세력들(사탄의 세력들)과 전쟁을 치러야 한다고 강조합니다. 그렇습니다. 우리가 지금까지 보아 온 대로 그리스도인들은 하나님 나라 실현을 위해 사탄의 세력들과 싸우는, 즉 영적 전쟁을 하는 주 예수 그리스도의 병사들입니다. 그러므로 당연히 완전무장을 해야 합니다. 바울은 14-20절에서 우리가 이 전쟁을 위해서 갖추어야 할 전신갑주를 어떻게 설명합니까? 많은 이들은 그 무기들에 관심을 집중하는데, 그 무기들은 당시 로마 병사들의 것들로서 우리가 사탄의 세력들과 영적 전쟁을 치를 때 필요한 무기들에 대한 그림언어들일 뿐입니다. 그러므로 우리가 정작 관심 가져야 할 것은 그 그림언어들이 각각 지칭하는 것들, 즉 *진리, 의, 평화의 복음, 믿음, 구원, 성령, 하나님의 말씀*이지, 그들을 각각 지칭하는 허리띠, 흉배, 군화, 방패, 검 등이 아닙니다. 이것들은 그 자체로서는 아무 의미가 없습니다(살전 5:8 참조). 18-19절에서 바울은 그런 군장의 그림들을 풀고 그냥 평이한 언어로 *기도*를 영적 전쟁을 위한 무기로 소개하고 강조합니다. 그러니까 바울이 하고자 하는 말은, 그리스도인들이 하나님 나라의 군대로서 사탄의 세력들과 영적 전쟁을 치르기 위해서는 "복음의 진리를 확실히 알고, 믿음과 구원의 확신 가운데 굳건히 서서 의를 행하고, 열심히 돌아다니며 성령의 능력을 힘입어 평화의 복음을 선포하고, 하나님의 말씀을 가르쳐야 한다. 그리고 무엇보다 기도에 힘써야 한다"는 것입니다.

오늘 교회가 이 가르침을 제대로 이행하기 위해서는 땅 밟기 같은 무당 짓거리하러 돌아다니지 말고, 사탄의 영의 지배를 받아 허위로 "자유", "정의" 등을 외쳐 대며 국민을 속여 권력을 잡고서는 국민을 억압하고 불의를 자행하는 독재자들, 자기 편의 죄는 없애 주고 반대편이나 약자들의 없는 죄는 조작하는 검사들과 판사들, 진실을 왜곡하는 기사들로 국민을 오도하여 정의와 화평을 파괴하는 기자들, 불량 상품으로 국민의 피를 빨고 그들의 안녕을 해치는 악덕 기업가들 등에게 주 예수 그리스도의 복음을 믿어 이제껏 사탄의 종노릇 하며 거짓과 불의와 악행을 저지른 죄를 회개하도록 하고, 주 예수 그리스도의 통치에 순종하게 해서 하나님 나라의 정의와 평화와 행복을 우리 사회에 증대하도록 해야 하는 것입니다. 이것이 오늘 교회가, 즉 주 예수 그리스도의 이름을 부르는 자들이 하나님 나라의 군대로서 싸워야 할 진정한 영적 전쟁이며, 이 전쟁에서 승리하여 이 땅에 하나님 나라의 구원의 현재적 실현의 모습인 정의와 평화와 행복이 넘치게 해야 합니다.

오늘 한국의 그리스도인 정치가들, 판검사들, 기자들, 공무원들, 사업가들은 하나님 나라의 일꾼들이요 군대로서 하나님 나라의 정의와 평화와 행복을 이 땅에 실현하려 애쓰는 사람들입니까, 아니면 그들에게 주어진 권력으로 불의를 저지르고, 갈등을 조장하며, 온 국민, 특히 약자들에게 큰 고통을 안겨 주는 사탄의 나라의 일꾼/군대 노릇을 더 많이 합니까? 한국의 목사들은 그들의 교인들을 하나님 나라의 일꾼/군대가 되도록 가르치고 훈련합니까, 아니면 도리어 사탄의 나라의 일꾼/군대로 양육합니까? 1930-40년대 히틀러(Hitler)를 지지한 "독일 기독교"(Deutsches Christentum)는 하나님 나라의 군대 노릇을 한 것입니까, 사탄의 나라의 군대 노릇을 한 것입니까? 한국 교회도 더 이상 우리의 실존의 현장에서 일어나는 하나님의 현재적 구원 사역, 즉 그의 아들 주 예수 그리스도가 사탄과 치르는 치열한 전투와는 무관한 몰역사적이고 영지주의적인 '복음'을 선포하지 말고 역사의 현장에서, 한국 사회의 현실에서 늘 비슷한 질문들을 스스로에게 제기하면서 올바른 복음을 선포해야 합니다.

신약성경 내에서 그리스도의 복음을 가장 뚜렷하게 영적 전쟁의 틀과 언어로 선포하는 책이 요한계시록입니다. 그 책은 주후 90년대 당시 로마 황제 도미티아누스가 자기신격화와 황제 숭배를 조장하면서 "로마의 평화"(pax romana)의 거짓 복음으로 민족들을 홀리고, 무자비한 독재 통치를 자행하는 데 맞서 쓰인 것입니다. 그 책은 희생제물로 바쳐진 "어린양"이 부활하여 하나님 우편에 앉아 "유다의 사자"(즉 다윗적 메시아)로서 자신의 교회를 군대(상징적으로, 새 이스라엘의 12지파들이 각각 12,000명씩의 한 군단이 되어 이룬 144,000의 군대)로 삼아 사탄의 삼위일체 "용"(사탄)과 그로부터 받은 권세로 세상을 미혹하고 무자비하게 통치하는 "짐승"(로마 황제)과 "거짓 선지자들"("짐승"의 은혜로 민족과 지역들의 통치자들이 되어 자기들의 백성에게 그의 팍스 로마나[pax romana]의 거짓 복음을 선전하면서 로마 황제를 숭배하고 그의 통치에 충성하도록 하는 자들)에 대항하여 거룩한 전쟁을 치른다는 것; 어린양/유다의 사자가 자신의 교회/군대로 하여금 "일곱 영"(충만한 성령)의 도움을 받으며 자신이 간 길을 신실히 따라가게 함으로써, 즉 팍스 로마나의 거짓 복음에 대항하여 자신의 참된 "하나님 나라/통치"

의 복음을 죽음(순교)에 이르기까지 신실히 선포하게 함으로써 마침내 승리하여 사탄의 삼위일체와 그들을 따르는 자들을 완전히 멸망시킨다는 것; 그리하여 하나님 나라가 이 땅에 완성되고 하늘의 하나님이 이 땅에 오셔서 자신의 거처지로 삼으시며 하나님의 영광과 생명이 충만한 "새 하늘과 새 땅"을 이루신다는 것을 "예언"합니다. 요한계시록은 이러한 "예언"의 형식을 빌려서 교회가 당시 로마제국의 거짓 복음과 황제 숭배와 혹독한 독재에 맞서 주 예수 그리스도의 하나님 나라 복음을 순교를 무릅쓰고 신실히 선포하여 하나님의 구원사를 실현하는 주 예수 그리스도의 군대 노릇을 감당해야 한다고 설교하는 책입니다. 그래서 요한계시록의 메시지가 지금까지 우리가 살펴본 바울의 가르침과 근본적으로 일치하는 것을 볼 수 있습니다: 즉 교회는 하나님의 구원사의 현재 과정에서(또는 우리의 칭의의 현재 과정에서) 사탄의 나라(그의 죄와 죽음의 통치)를 무찌르고 하나님의 나라(그의 의와 생명의 통치)를 실현해 가는 주 예수 그리스도의 군대로서 이 땅에 하나님 나라의 궁극적인 도래를 위해 투쟁해 가야 합니다.

요한계시록은 구약의 예언들과 언어와 상징들뿐 아니라 근동의 신화들, 특히 주후 1세기 말 로마제국의 정치적 상황을 반영하는 여러 상징어들을 동원하여 신약의 사도적 공통 복음을 당시 교회의 처지에 적절하게 선포하기 위해(이런 것을 복음의 '상황화'라 함) 쓰인 책으로서 하나의 정교한 문학작품입니다. 그래서 이 책을 제대로 이해하기 위해서는 신구약 성경에 통달해야 함은 물론이려니와, 근동의 신화들과 로마 제국의 역사와 당시의 상황에 대해서도 폭넓은 지식이 필요하고, 많은 성경해석과 신학적 훈련을 받아야 합니다. 그러나 한국 교회들과 미국의 근본주의 교회들에서는 그런 지식과 훈련을 쌓지 않은 사람들이 이 책을 종말에 어떤 사건들이 어떤 순서로 일어날 것인가에 대한 하나의 시나리오를 제공하는 것으로 오해하고 문자적으로 읽으며, "144,000", "666"('네로'의 히브리어 문자들이 각각 표징하는 수치의 합계로 만들어진 암호인데, 후에 폭군의 대명사가 된 로마의 5대 황제 네로를 지칭하기보다는, 근본적으로 사탄의 사자["짐승"] 역할을 하는 로마제국의 황제 체제를 상징하는 것입니다), "추수", "환난", "천년 왕국" 등을 운운하며 온갖 유치한 소설들을 만들어 온 전통이 있습니다. 여러 목사들의 이런 엉터리 "요한계시록 강해"에 단련된 성도들은 비뚤어진 신앙생활을 하기 십상인데, 그들 중 일부는 요한계시록에 대한 엉터리 해석으로 만들어진 종말론 시나리오

를 자신들의 신앙의 중심으로 삼은 여러 이단 집단들의 '밥'이
되고 종이 되기도 합니다. 이 책의 독자들은 바른 복음을 배
워서 그런 비극을 겪지 않기를 바랍니다.

"오직 너희는 그리스도의 복음에
합당하게 생활하라"

사도 바울은 빌립보의 성도들에게 이렇게 당부합니다(빌
1:27).

빌립보는 지금의 튀르키예와 그리스가 맞닿은 곳에 있습
니다. 일찍이 알렉산더대왕의 아버지 빌립왕이 트라케(Thrake)
인들에게서 그 지역을 빼앗아 도시를 건설하고 자기 이름을
붙였습니다. 그래서 그 도시 이름이 빌립보가 되었습니다. 나
중에 로마 시대에 로마인들이 그 도시를 재건하였고, 특히 카
이사르(Julius Caesar)의 암살 후 벌어진 내전에서(AD 42) 빌립
보에서 세력을 모았던 브루투스(Brutus)와 카시우스(Cassius)를
쳐부순 안토니우스(Antonius)와 옥타비아누스(Octavianus)가 그
전쟁에서 공로를 세운 군인들을 거기에 많이 정착시켰으며,
빌립보 시민들은 로마 시내에 사는 시민들과 똑같은 대우를

받도록 했습니다. 그래서 빌립보는 그리스 제국 시대에는 트라케의 "야만인들"에게 그리스의 높은 문명을 보여 주는 전시장 구실을 했듯이, 로마 시대에는 로마제국 저편 변경 사람들에게 로마의 높은 문명과 문화 수준을 보여 주는 전시장 구실을 했습니다. 이곳에 사는 그리스도인들에게 바울이 편지를 보낸 것입니다.

"너희는 복음에 합당하게 살라."

여기서 "살라"라는 표현이 번역하기 힘든 말입니다. "복음에 합당하게 정치해 나가라" 또는 "복음에 합당하게 공동체의 삶을 꾸려 나가라"는 뜻으로도 번역할 수 있는 말입니다. 이 말씀은 우리에게 바울이 '교회'를 이 세상 안에 박힌 '하나님 나라의 식민지'로 인식하고 있음을 알게 합니다. 마치 빌립보가 "야만인들"의 땅에 박혀 있는 로마 식민지로서, 빌립보 시민들이 자기들을 둘러싸고 있는 "야만인"들에게 로마 시민들로서 로마의 높은 문화와 삶의 방식을 보여 주듯이, 교회는 사탄의 죄와 죽음의 통치를 받는 이 세상에 박힌 하나님 나라의 식민지로서, 교회의 구성원들은 하나님 나라의 시민들(빌 3:20)이기에, 이 세상 사람들에게 하나님 나라 시민들의 거룩하고 의로운 삶의 방식을 보여 주어야 한다는 것입니다. 그리스도인들은 이 세상에서 "복음에 합당하게", 즉 자신들을 "의인"들로 그리고 "성인"들로 만들어 이 세상의 왕 사탄의 통치를 받지 않고 주 예수 그리스도의 통치를 받게 한, 그리하여 하나님 나라의 시민들이 되게 한 복음에 합당하게 살고 자신들의 교회 공동체도 꾸려 가라(정치해 가라)는 의미입니다.

바울이 빌립보서 1:27에서 빌립보의 그리스도인들에게 "복음에 합당한 삶을 살라/공동체의 삶을 꾸려 나가라"는 권면을 줄 때 물론 그는 소수의 그리스도인들이 압도하는 로마 제국의 세력에 의해 핍박받는 상황에서 기죽지 말고 도리어 하나님 나라의 시민들로서의 자긍심을 갖도록 하려는 뜻도 염두에 두었을 것입니다. 그러나 그의 주된 의도는 핍박으로 인한 불안에 더하여 두 여성 지도자들, 순두게와 유오디아를 중심으로 분열되고 갈등을 겪으며 우울한 분위기 속에서 지내고 있는 빌립보 교회가 화평, 평안, 기쁨을 회복하도록 하기 위한 것이었습니다(빌 2:1-30; 3:2-9). 그들이 하나님 나라의 시민들로서 교회 공동체의 삶을 복음에 합당하게 꾸려 가면, 주 예수 그리스도의 통치에 순종해서 서로에게 의롭게 사랑으로 대하고, 그리하여 화평을 이루어 기쁨을 회복할 수 있을 것이기 때문입니다. 바울은 빌립보 교회가 그렇게 하여 얻은 공동체적 일치와 화평과 기쁨을 하나님 나라 백성의 "문화"로 주위 세상에 시위하라고 한 것입니다.

과연 성도들의 극심한 자기주장으로 분열하고 갈등하고 맘몬 우상숭배로 부패한 한국 교회는 세상에 하나님 나라의 식민지로서 기독교 "문화"를 시위하고 있습니까? 과연 한국의 그리스도인 정치가들, 검사들, 판사들, 행정가들, 기자들, 기업인들은 하나님 나라의 시민들로서 한국 사회에서 "복음에 합당하게"(즉 주 예수 그리스도의 통치를 받아) 소임(소명)을 수행하여 정의, 화평, 행복을 증진함으로써 하나님 나라의 구원을 시위하고 구현해 가고 있습니까?

그리스도인의 고난은 우리의 "옛사람"이 죽고
"새사람"으로서의 부활이 실재화해 가는 과정

우리는 아직도 이 세상에서 살지만, 그리스도 안에 내포되어 그와 함께 우리의 옛 자아(옛 아담적 사람, "옛사람")가 죽고 그와 함께 새 자아(새 아담적 사람, "새사람")로 부활한 자들로서 이미 구원의 첫 열매를 받고 구원의 완성을 바라며 살아가고 있습니다. 어떤 이들은 이 사실을 "우리의 옛 자아가 *원칙적으로* 그리스도와 함께 죽고 새 자아로 부활했다. 그러나 *실질적으로는* 그 사건이 그리스도의 재림 때 완성된다"는 문형으로 표현합니다. 그러나 이런 인간중심적/구원론적 관점에서 형성된 문형은 현재의 그리스도인의 삶을 제대로 설명하는 데는 부족합니다. 앞에서 누누이 강조했듯이, 그리스도인의 현재적 삶 또는 칭의의 현재 과정은 신중심적/기독론적 관점에서 보아야 제대로 설명할 수 있습니다. 이 관점에서 볼 때, 우리가 세례 받을 때 우리의 내포적 대표인 그리스도 안에서 그와 함께 사탄의 통치를 받는 옛 아담적 사람("옛사람")으로 죽고 하나님의 통치를 받는 새 아담적 사람("새사람")으로 부활한 자들이라는 사실은, 우리가 사탄의 죄와 죽음의 통치에서 벗어나서 주 예수 그리스도가 대행하는 하나님의 의와 생명의 통치 아래로 이전되었다는 것을 말합니다(골 1:13-14). 그런 구원(의 첫 열매)을 받은 우리가 종말에 완성될 구원을 바라며 사는 현재에서, 즉 그리스도의 주권이 계속 사탄의 주권에 의해 도전받는 현재에서 우리는 계속 하나님 나라 안에서 있어야 합니다. 즉 주 예수 그리스도의 통치를 실제로 받으며 살아야 합니다. 이 말은 앞서 살펴본 대로 윤리적 선택의 순간마다 우리는 더 이상 사탄의 통치를 받아 옛 아담처럼 자기주장하여 이웃을 착취하는 길을 택하여 갈 것이 아니라, 주 예수 그리스도의 통치를 받아 하나님과 이웃을 사랑하는 길을 택해야 합니다. 그렇게 함으로써 우리는 "의인"으로서의 새 자아가 이 땅에서 날로 실재(reality)가 되어가도록 해야 한다는 말입니다.

그리스도인의 이러한 삶에는 고난이 필연적으로 따릅니다. 왜 그렇습니까? 아직도 사탄이 자기주장하여 자기의 이익을 확보하며 살라는 통치가 만연한 이 세상에서 그 통치를 거부하고, 그런 삶의 방식을 포기하고, 주 예수 그리스도의 통치에 순종하여 하나님 사랑, 이웃 사랑의 정신으로 사는 것은 희생과 고난을 동반할 수밖에 없습니다. 누가 내 "오른뺨을 때리면", 사탄은 나에게 그의 양쪽 뺨을 다 때려 주라고 충동합니다. 그때 주 예수 그리스도는 그의 영(성령)으로 내 기독교적 양심에 말씀하십니다: "왼뺨도 돌려대라." 누가(심지어 원수 로마 병정이) 내 "속옷을 달라 하면", 주 예수 그리스도는 내게 말씀하십니다: "네 겉옷도 내주어라"(마 5:38-42). 사탄은 내게 '너도 이 세상의 상식과 관행에 따라 거짓말도 좀 하고, 네 권력도 좀 남용하며, 네 상품을 과대포장하여 이웃을 착취함으로써 너의 부를 크게 쌓으라. 그리해야 너와 네 가족의 안녕과 행복을 확보할 수 있다'고 충동합니다. 그때 주 예수 그리스도는 자신의 영으로 나의 내면의 양심에 말씀하십니다: "아니다. 그것은 맘몬 우상숭배요 이웃 착취의 죄로서 사탄을 주로 섬기는 행위다(마 6:24). 진정으로 나의 나라에 들어온 나의 백성은 나를 믿고 나의 계명(하나님 사랑, 이웃 사랑)을 실천해야 한다"(막 12:28-34). 우리의 내포적 대표인 그리스도의 죽음에 동참하여 옛 아담적 죄인으로서 죽고 그의 부활에 동참하여 새 아담적 삶을 받은 "새사람", "의인"이 된 우리가 사탄의 유혹을 물리치고 주 예수 그리스도의 통치에 실제로 이렇게 순종하면서 살면 세상에서는 손해를 보고 고통을 당할 수밖에 없습니다.

이 고난은 예수 그리스도의 십자가의 죽음에 우리가 믿음으로 동참한 것의 실재화(actualization)입니다. 그리스도가 우리를 위해 돌아가셨음을 받아들이는 것이 믿음이라고 했습니다. 그 믿음은 내포적 대신인 그리스도 안에 우리가 내포됨, 연합됨이 효력을 발생하게 한다고 말했습니다. 그래서 그리스도를 믿으면 그분을 통해 또는 그분 안에서 내가 옛 아담적 삶을 산 죄에 대한 벌을 받고 죽음이 효력을 발생하게 된다고 했습니다. 앞에서 예로 든 그리스도인의 고난은 아직도 사탄의 죄와 죽음의 통치가 현실인 이 세상에서 내가 그의 통치를 받아 자기주장을 하고 이웃을 착취하는 나의 옛 아담적 자아("옛사람")를 부인함으로써 생기는 것입니다. 우리가 가치판단과 윤리적 선택의 갈림길에 놓일 때마다 사탄은 나의 옛 아담적 자아를 일깨워서 자신의 통치를 받아 이 세상에서 자기주장을 강하게 하고 성공과 행복을 얻으라고 유혹합니다. 그러나 우리가 주 예수 그리스도를 믿어 "의인"이 된 사람들로서, 즉 새 아담적 존재("새사람")로서 주 예수 그리스도의 통치를 받는 길을 택하면, 사탄의 통치를 받는 우리의 옛 아담적 자아가 그리스도의 십자가에서 그분 안에 내포되어 죽은 상태에서 다시 깨어나지 못하게 하고, 우리의 새 아담적 존재("새사람")로서의 삶에 아무런 영향력을 행사하지 못하게 하는 것입니다. 그러기에 우리가 윤리적 선택의 갈림길에서 주 예수 그리스도의 통치를 받는 길을 택함은 우리의 옛 아담적 자아의 죽음을 확인하고 그것이 실재가 되게 하는 것입니다. 그 과정에서 우리가 이 세상에서 옛 아담적 사람으로 살지 않는 데서 오는 고난들을 겪게 됩니다. 그러기에 그리스도의 이중 사랑 계명을 지켜 이 세상에서 정의와 화평과 행복을 증대하는 하나님의 백성으로 살기 위해 당하는 고난들은 우리의 "옛사람"의 죽음을 확인하고 실재화하는 것입니다. 그 고난들은 우리가 그리스도 안에 내포되어 그의 부활에 동참함으로써 얻은 새 아담적 자아("새사람")가 실재화되어 가는 과정이기도 합니다. 우리가 윤리적 선택의 갈림길에서 주 예수 그리스도의 통치를 받는 길을 택함은 우리의 옛 아담적 자아의 죽음을 확인하면서 동시에 그리스도 안에서 새로 받은 우리의 새 아담적 자아("새사람")가 자신을 그냥 우리의 머릿속에 하나의 관념(idea)으로만 존재하는 것이 아니고, 실체(reality)로 나타나게 하는 것입니다. 그러기에 우리의 삶에서 옛 아담적 삶을 거부하는 데에서 오는 고난들은 우리의 새로운 자아("새사람")가 날로 실재화되어 가게 하는, 뚜렷해져 가게 하는 과정입니다. 바울은 이 진리를 이렇게도 표현합니다: "겉사람은 낡아지나 우리의 속사람은 날로 새로워지도다"(고후 4:16). "겉사람"은 이 세상에 속하는, 즉 사탄의 죄와 죽음의 통치를 받는 옛 아담적인 죄인을 말합니다. 우리가 진실로 그리스도인으로 살려 할 때 받는 고난들로 인하여 우리의 "겉사람"은 실제로 닳아 없어져 가고, 우리의 "속사람", 즉 새 아담적 자아("새사람")는 날로 새로워져 간다고 합니다. 바울은 또 자신이 주 예수 그리스도를 위해서 겪는 고난들을 두고 자기 "몸에 예수의 죽음을 지니고 다닌다"고 하며, 그것은 "예수의 [부활의 새] 생명이 우리의 썩어져 가는 몸에 나타나도록 하기 위한 것"이라고도 합니다(고후 4:10–11; 빌 3:10 참조).

그리스도를 본받음(모방하기, imitation)과 그의 형상으로 변화되기(transformation)

바울은 자주 자신의 편지들의 수신인들에게 사도인 자신을 본받으라고 합니다. 그가 그렇게 할 수 있는 것은 자신이 그리스도를 본받기 때문이라고 합니다(고전 4:16–17; 11:1; 빌 3:10, 17). 그리스도를 본받는 바울 자신을 본받으라는 말은 사실상 그리스도를 본받으라는 뜻입니다. 어느 때는 자신의 사도적 중계 없이 직접적으로 그리스도를 본받으라고도 권면합니다(롬 15:1–3, 7–8; 고후 8:9; 빌 2:5–8; 살전 1:6). 그런데 이 권면들에서 그리스도를 본받음의 초점은 그리스도의 자기 비움, 자기 비하, 종으로서 섬김, 자기 목숨을 죄인들의 구원을 위해 속죄제사로 넘겨줌입니다. 이 본문들을 자세히 보면, 대부분의 경우 그리스도의 자기 비하(성육신)와 십자가에서의 죽음을 염두에 두고 있는데, 특히 그 사실들의 의미를 암시하는 예수 자신의 말씀을 염두에 두고 있음을 알 수 있습니다: "[하나님의 어좌에 앉을] 그 '사람의 아들'(단 7:13-14)이 온 것은 [이 세상의 통치자들과 달리, 막 10:41] 섬김을 받기 위해서가 아니라 섬기려, 그리고 자신의 생명을 많은 [모든] 사람들을 위한 속전으로 주러 왔다"(막 10:45). 바울은 이 말씀을 자신의 사도직 수행에서 모토로 삼았습니다. 그래서 자신의 사도직을 설명할 때 이 말씀을 자주 은유(allusion)하거나 반향(echo)합니다(예: 고전 9:19, 21-22; 살전 2:4-9). 고린도전서 11:1에서도 바울 자신이 그리스도를 본받는다고 할 때 바로 이 말씀을 염두에 두고 있음을 바로 앞절 10:31에서 보여줍니다. 마가복음 10:45의 말씀은 물론 예수가 "그 '사람의 아들'"로서 어떻게 우리 모두의 죗값을 치르고 우리를 구속할 것인가를 밝히는 구원론적으로 의미가 큰 말씀입니다. 그러나 보다시피 바울은 이 말씀을 구원론적으로만 쓴 것이 아니라, 우리가 모방해야 할 윤리적 모범을 위해서도 씁니다. 그래서 가령 고린도전서 10:31에서 바울은 고린도 교회 내에서 믿음이 "강한 자들"과 "약한 자들"이 우상에 제사하고 도축된 고기를 그리스도인들로서 먹어도 되냐 안 되냐의 문제로 분쟁하고 있을 때, 그의 긴 가르침(고전 8-10장)의 결론(10:31)에 이르러 예수의 이 말씀을 은유하고 있는 것입니다. 즉 자신이 이 말씀대로 모든 사람을 섬기고, 그들을 구원하기 위해서 자신의 목숨을 십자가의 죽음에 내어주신 예수를 본받고 있으니, 너희도 나를 본받아 이 말씀대로 너희 각 파벌의 관점만을 주장하며 자신들의 유익을 취하려 하지 말고, 서로를 섬겨 상대방을 기쁘게 하라고 가르치는 것입니다. 즉 그리스도의 종으로서의 섬김과 자신의 목숨을 내어줌의 태도를 본받으라는 것입니다.

바울이 예수의 이 말씀을 이렇게 사용하는 것은 예수께서 제자들을 부르실 때 하신 말씀과 통합니다: "무리와 제자들을 불러 이르시되 누구든지 나를 따라오려거든 자기를 부인하고 자기 십자가를 지고 나를 따를 것이니라"(막 8:34). 예수의 죽음과 부활이 일어난 후의 시점에서 바울은 우리에게 윤리적 선택의 순간마다 자기를 주장하고 자기 이익을 취하려 하는 우리의 "옛사람"이 그리스도 안에 내포되어 그와 함께 십자가에 못 박혀 죽은 것을 확인하고, 주 예수 그리스도의 통치를 받아 하나님을 섬기고 이웃을 사랑하는 "새사람"이 된 것을 실재가 되게 하라고 가르칩니다. 그것은 우리가 자기를 주장하고 자기 이익을 위해서 사는 옛 아담적 존재인 자신을 부인하고 예수 자신이 가시는 길, 모든 사람들을 구원하시기 위해서 십자가를 지고 가시는 자기 희생의 길을 따라가라는 예수의 가르침과 일치합니다.

우리가 일상의 삶에서 항상 예수의 마태복음 5:38-48; 마가복음 8:34; 10:45 등의 말씀들을 문자적으로 실천하기는 어렵습니다. 어떤 경우는 문자적 실천이 개인 윤리 차원에서나 사회 윤리 차원에서 놀라운 화해와 치유를 낳기도 합니다. 그러나 또 어떤 경우는 문자적 실천이 역효과를 내 악과 고난을 도리어 증폭시키기도 합니다. 그러므로 그런 문제까지 잘 살피면서, 우리가 바울과 같이 예수님의 말씀들의 *정신*을 가지고 우리의 구체적인 삶에서 자기주장과 자기 이익 챙기기를 억제하며 이웃을 섬기는 삶을 살려고 노력하는 것이 그리스도를 "따라가는"(그의 뜻을 따르는, 즉 그의 통치를 받는) 삶, 그를 모방하는 삶입니다.

우리가 이 세상의 옛 아담적 삶을 따라 살지 않고, 예수 그리스도를 모방하는 삶을 살아가면 우리는 점점 변모되어(롬 12:1-2) 그와 같은 형상으로 변화되어 갑니다(고후 3:18). 우리는 주위에서 가끔씩 옛 아담적 삶의 방식을 따르지 않아서 생기는 손해나 고난을 무릅쓰고 의로운 삶을 사는 그리스도인들, 이웃을 섬기며 사는 그리스도인들을 봅니다. 우리는 그런 사람들에게서 그리스도의 모습을 보고 그의 향기를 느낍니다.

이런 변화의 과정을 전통적인 신학에서는 성화(聖化)라고 부릅니다. 그러나 앞서 설명한 대로 성화나 칭의는 병행어 또는 동의어이므로 "의인화"라고도 부를 수 있겠습니다. 그리스도인의 의인화/성화가 구원의 현재 과정입니다. 구원의 현재는 이미 과거에 구원(의 첫 열매)을 받은 우리가(즉 믿음으로 의인이 되고 성인이 된 우리가) 현재 의인으로서(하나님과 올바른 관계에로 회복된 자로서) 또는 성인으로서(하나님께 바쳐진 존재로서) 스스로를 재확인하는, 즉 이 세상의 가치를 추구하여 죄를 짓는 것이 아니라, 하나님 나라의 가치를 추구하여 고난을 받으며, 그리스도 안에 내포되어 십자가에서 죽은 우리의 자기주장하는 '옛사람'이 실제로 죽어 가는 과정입니다. 그와 동시에 부활로 새로워진 '새사람'이 실재화되어 가는 과정입니다. 그래서 그리스도의 형상으로 변화되어 가는 것이 구원의 현재 과정입니다.

종말에 예수 그리스도가 다시 오실 때 이 의인화/성화의 과정이 종결될 것입니다. 그때 우리가 예수님의 부활에 완전히 참여하게 되고(롬 6:5; 고전 15:53), 우리가 첫 아담의 형상을 완전히 벗어버리고 종말의 아담인 예수의 영광된 형상으로 완전히 변화할 것입니다(고전 15:49). "오직 우리의 시민권은 하늘에 있는지라 거기로부터 구원하는 자 곧 주 예수 그리스도를 기다리노니 그는 만물을 자기에게 복종하게 하실 수 있는 분의 능력 주심으로 우리의 천박한 몸을 자기의 영광의 몸의 형체로 변케 하시리라"(빌 3:20-21). 이것이 영화(榮化)입니다. 즉 우리가 하나님의 형상인 그리스도의 형상(고후 4:4; 골 1:15; 빌 2:6)을 얻어, 첫 아담이 잃어버린 하나님의 형상과 영광을 회복하는 것(롬 8:29-30), 즉 우리의 피조물적 한계성/결핍성을 드디어 극복하고 신적 충만에 참여하는 것, 그리하여 신적 생명("영생")을 얻는 것입니다. 그것이 구원의 완성입니다.

사도 바울은 인간의 구원이 그렇게 완성될 때 온 세상 모든 피조물이 함께 사탄의 죽음/썩어짐의 통치에서 해방된다고 합니다(롬 8:18-22). 요한계시록 21-22장은 그렇게 죽음의 힘으로부터 완전히 해방되고 하나님의 영광의 빛과 생명으로 충만한 "새 하늘과 새 땅"에 대한 비전을 제시합니다.

우리 그리스도인들은 이제 그리스도의 구원 사역을 믿음으로 덕입어 의인이라 칭함 받고 하나님과의 올바른 화평의 관계에 들어가서 하나님의 은혜를 덕입어 살게 되었으므로, 아직도 지속되는 이 세상의 고난 속에서도 인내하면서, 장차 얻을 하나님의 영광을 소망하며 기쁘게 살아갈 수 있는 것입니다(롬 5:1-4; 8:23-30).

7. 예정과 지키심

지금까지 우리는 구원에 대해 살펴보았습니다. 구원이 왜 필요한가, 그리스도 예수 안에서 어떻게 하나님의 역사적 구원 사건이 일어났는가, 그 구원을 우리가 어떻게 믿음으로 덕입을 수 있는가, 덕입은 구원이 어떤 종말론적 구조를 가지고 있는가, 거기서 어떻게 제자도의 윤리가 파생되는가, 그래서 오늘 우리가 사는 삶이 어떠한 모습을 가져야 하는가, 우리가 바라는 구원의 완성은 어떠한 것인가 등입니다. 이제 이 모두를 하나님의 구원의 처음과 끝의 관점(perspective)으로 생각해 보고자 합니다.

태초나 종말에 관한 것들은 하나님의 구원사의 중심인
그리스도 사건의 계시에 비추어 이해해야 한다

예정은 태초를 논(論)하는 것입니다. 그렇다면 우리의 구원
문제를 시간 순으로 본다면 거기서부터 시작해야 할 텐데 왜
이처럼 구원에 관한 이야기 끝에 놓아야 합니까?

예정의 교리를 바르게 이해하기 위해서는 올바른 관점을
가져야 하는데, 그 교리를 '역사의 중심'에서부터, 즉 예수 그
리스도 안에 나타난 구원 사건부터 시작하여 논해야 합니다.
예정론을 태초라는 시점에서 시작하면, 우리는 그 교리를 제
대로 이해하지도 못할뿐더러, 그 교리는 본래의 의도를 상실
하고 맙니다.

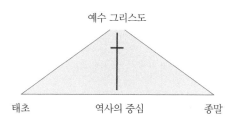

성경은 그리스도 안에서 하나님의 종말론적 구원과 하나

님의 완전한 계시가 발생했다고 선포합니다. 그래서 그리스도 안에 나타난 하나님의 계시가 가장 환합니다. 하나님이 주신 이전까지의 계시, 곧 구약의 계시는 그리스도 안에서 완성될 계시에 대한 준비 계시였습니다. 그리스도 안에서 완성될 계시에 대한 부분적이고 희미한 계시였습니다(히 1:1-2). 그래서 그 구약의 계시는 그다지 환하지 않습니다. 다른 한편 그리스도께서 오신 이후 곧 신약의 사도들의 선포는 그리스도 안에 나타난 계시를 설명하고 우리의 삶에 적용한 것입니다. 그런 의미에서 그리스도 안의 계시 곧 그리스도의 사건은 역사의 중심이라고 볼 수 있습니다.

그리스도가 역사의 중심이라는 말은 수학적 의미가 아닙니다. 그리스도가 오시기 전의 시간과 그리스도가 오신 이후 재림까지의 시간의 길이가 똑같다는 의미에서 역사의 중심이라는 말이 아닙니다. 그리스도 안에 이루어진 하나님의 완성된 구원과 계시에 의거해 그 전에 이루어진 구약의 예비 계시와 그리스도 이후 전개된 사도들의 계시도 진정한 의미를 얻게 된다는 의미에서 그리스도 안에 이루어진 구원과 계시가 하나님의 구원사의 중심입니다. 그리고 그리스도인들은 역사를 하나님의 경륜이 전개되는 장이라고 보므로, 그리스도가 역사의 중심이라고 하는 것입니다.

그러므로 그리스도인들은 구약에 서술된 하나님의 구원사와 그것에 대한 예언들을 그리스도 안에서 완성된 구원과 계시에 비추어 보아야 그것들의 진정한 의미를 이해할 수 있다고 보기에, 유대인들의 구약 해석과는 다른 해석을 하게 되는 것입니다. 마찬가지로, 미래에 대한 조망이나 예언들도 그리스도 계시의 불빛 아래서 보아야 그들의 옳고 그름을 판정할 수 있습니다. 오늘의 설교자들이 사도들이 선포한 그리스도 안에 나타난 계시와 틀리게 선포하면 그들의 선포는 하나님의 뜻을 올바로 드러내는 것이라고 인정할 수 없습니다. 오늘날에도 성령의 계시를 받았다고 주장하며 미래에 발생할 것들에 대해 예언하는 사람들이 많은데, 그들의 "예언"이 그리스도 안에 나타난 계시와 의미와 가치관과 지향점에서 일치하지 않고 어긋났을 경우, 그들은 모두 가짜입니다(고전 14:29; 살전 5:20-21; 요일 4:1). 그들은 오늘날 구약의 "거짓 선지자" 같은 노릇을 하며 하나님 나라의 백성을 오도하는 큰 죄를 저지르는 것입니다.

하나님의 구원사의 중심인 그리스도 안에 발생한 하나님의 완성된 계시의 불빛이 양쪽으로 멀리멀리 비칠수록 희미해집니다. 이쪽은 태초요 저쪽은 종말인데 중간의 불빛이 양쪽 끝을 향해 비칠수록 희미해집니다. 그래서 죄(즉 아담적 타락)로 인하여 연약해진 우리의 눈(이성)으로 태초와 종말에 관한 것들을 파악하는 데는 많은 어려움이 있는 것입니다.

종말에 완성될 구원도 그리스도 안에
이루어진 계시에 비추어 이해해야 한다

바울은 종말에 하나님이 이루어 주실 우리의 구원의 완성에 대하여 거울을 보는 것같이 희미하게 본다고 했습니다(고전 13:12). 그의 이 말은 희미하다는 의미만이 아니라, 그림이 이렇게도 보이고 저렇게도 보인다, 알쏭달쏭하게 보인다는 뜻이기도 합니다. 바울 시대에 쓰던 구리 거울, 즉 구리판을 손으로 연마하여 만든 거울을 생각해 보십시오. 오늘날 박물관이나 미술관에서 종종 볼 수 있는, 아이들을 위한 요술거울같이, 내 얼굴을 길게 보이게도 하고 둥글게 보이게도 하는 거울 말입니다. 그러나 예수 그리스도가 다시 오실 때, 그래서 우리의 구원이 완성될 때, 우리가 아담적 타락으로부터 완전히 회복될 때, 그때 비로소 우리는 하나님을 얼굴과 얼굴을 맞댄 듯이 볼 것이며, 그때 우리는 그분의 구원사의 경륜도 환히 알게 될 것이고, 우리의 구원의 실재도 온전히 이해하게 될 것입니다. 그때까지는 하나님의 종말의 심판과 구원의 완성에 대해서 오늘 우리의 삶, 하나님의 통치에 의지하고 순종하는 삶에 필요한 만큼의 지식, 우리의 믿음과 소망을 지탱하는 데 필요한 만큼의 지식만 알 수 있습니다. 그리스도 안에 주어진 계시의 불빛이 종말에 대해서는 그만큼만 비치고 있는 것입니다.

그러나 종말이 언제 올지, 그때의 새 창조("새 하늘과 새 땅")는 어떻게 이루어질지, 구원받은 우리는 어떤 삶을 살지, 하나님의 영광을 얻고 충만한 생명을 누리는 상태가 어떤 것일지, 우리의 가족과 친구들은 구원을 받을지, 누구는 어떻게 될지 등과 같은 모든 자세한 것에 대해서는 잘 모릅니다. 우리가 아무리 요한계시록을 깊이 연구하고 그 상징어들을 다 이해한다 하더라도 이런 것들에 대해서는 알 수가 없습니다. 우리는 종말에 대해 다 환히 알 수 없고 희미하게 알 따름입니다. 그리스도 예수 안에 계시된 하나님의 형언할 수 없이 큰 사랑의 빛에 비추어 볼 때 우리의 구원의 완성이라는 큰 줄기 자체는 확연히 보입니다. 그러나 그것이 과연 어떤 역사적 과정을 거쳐서, 어떤 구체적 모습으로 이루어질지는 지엽적인 것들로서 희미하게, 알쏭달쏭하게 보입니다.

그리스도 안에 이루어진 계시의 완성의 빛에 비추어도 지금은 희미하게만 보이는 것들은 꼭 이 세대의 끝, 즉 예수 그리스도의 재림 때 일어날 종말의 완성에 관한 것들만이 아닙니다. 그 이전에 일어나는 우리의 사후 상태에 관한 것도 마찬가지입니다. 바울은 그리스도인의 죽음을 "(육신을) 떠나 그리스도와 함께함"이라고도 표현하면서, 그것이 육신 안에서 고난을 겪는 현재의 삶에 머무르는 것보다 더 선호될 것이라 말하며(빌 1:23), "그리스도 안에서 잠자는 것"(고전 15:18, 51; 살전 4:13–16)이라고 했습니다. 누가는 "그리스도와 함께 낙원에 있는 것"(눅 23:43)으로 제시하는 것 같고, 요한계시록은 우리의 영혼이 하나님의 하늘 성전의 제단 아래서 종말의 구원의 완성을 기다리며 "쉬고 있음"(계 6:9–11)으로 설명하고 있습니다. 이 그림들은 모두 그리스도를 믿음으로 말미암아 "그리스도 안에" 존재하며 이미 그리스도의 죽음과 부활을 덕입어 구원의 첫 열매를 누리는 우리 그리스도인들의 죽음이 우리 영혼이 몸을 떠나 이 생에서 지금 체험하는 "그리스도 안에 있음" 또는 "그리스도와 함께함"을 더 농도 짙게 체험하는 상태라는 것, 그리스도의 재림 때 우리 몸의 부활로 얻을 하나님 나라의 완성된 구원에는 아직 도달하지는 못하지만 그것에 아주 (지금보다 훨씬 더) 가까이 가서 "쉬는" (더 이상 이 생의 고난이 없는) 상태라는 것을 암시합니다. 이 그림들은 신자인 우리에게 죽음 이후에 대해서 많은 위안을 줍니다. 그러나 우리는 이보다 더 환하고 분명한 지식을 갖고 싶어 합니다. 하지만 그리스도 안에서 이루어진 구원과 계시를 가까이서 체험한 사도적 증인들이 그 계시의 빛 아래 깨달아 우리에게 전달한 신자들의 사후 존재에 대한 이만큼의 설명은 우리의 믿음을 북돋고, 우리가 죽음에 임할 때 그것에 대한 두려움으로 떠는 대신 주께서 주실 안식에 대한 기대와 종말에 얻을 영생(충만한 신적 생명)에 대한 소망을 가지고 그것을 맞이하게 하는 데 충분합니다.

이렇게 그리스도 안에 이루어진 구원과 계시는 오늘 우리가 이 땅에서 어떻게 하나님의 은혜를 덕입어 하나님의 통치를 받으며 바르게 살아가야 하는가, 그리하여 종말의 구원의 완성에 도달해야 하는가를 환히 밝혀 주지만, 예수 재림 때 있을 그 종말의 구원 상태가 어떤 것일지, 그것의 전 단계의 체험이라 할 수 있는 우리 신자들의 사후 상태 등에 대해서는 구체적인 지식을 전달해 주지 않습니다.

그럼에도 불구하고 그리스도의 죽음과 부활을 통하여 이루어진 구원과 계시와 우리의 구원의 완성에 대한 확신을 가지고 오늘 하나님의 사랑에 의지하며 그의 통치에 순종하여 사는 것이 진정한 믿음입니다. 그 지엽적인 것들을 더 알고자 요한계시록을 제멋대로 해석하고 역사의 과정에 대해 온갖 억측에 빠지는 것은 건전한 신앙이 아니고, 도리어 사람들을 구렁텅이로 빠뜨리는 무지하고 사악한 이단 세력들의 종이 되게 하는 것입니다.

예정 교리는 나의 믿음의 현재에서
되돌아보는 관점에서 이해되는 것

마찬가지로 그리스도의 계시의 불빛이 태초로 향해 비칠수록 희미해집니다. 태초에 하나님께서 온 우주를 창조하신 것에 대해 알고 싶은 것들이 많습니다. 근래에 천체물리학의 발달로 광대한 우주에 대한 놀라운 사실들이 밝혀질 때마다, 우리의 창조에 대한 질문들은 더 늘어납니다: "태초에 하나님이 천지를 창조하셨다는데 어떻게 하셨을까? 태초에 하나님이 그리스도를 믿는 자들을 구원에로 이미 예정하셨다는데, 그러면 불신자들은 멸망으로 예정하신 것일까? 왜 그렇게 하셨을까? 그것은 하나님은 의롭지 않다는 말인가? 하나님께 대항하는 죄악과 죽음을 가져오는 자(구약 후기 전승에서 '사탄'이라 불리게 된 자)는 어떻게 출현할 수 있었을까?" 등. 역사의 양쪽 끝에 대하여는 신비의 요소들이 많습니다. 그러나 되풀이하여 강조했듯이, 우리 믿음의 현재와 구원의 소망에 대해 필요한 지식은 그리스도의 계시의 불빛에 의해 충분히 파악될 수 있습니다.

그러므로 예정론을 이해하려면 역사의 중심인 그리스도의 구원과 계시와 그것을 덕입어 구원을 받게 한 나의 믿음의 현재에서부터 되돌아보는 관점을 가져야 합니다. 그렇지 않고 태초라는 시점에서부터 시작하면 그것은 해결할 수 없는 문제들만 제기할 뿐이고, 신자들에게 불안만 주게 됩니다. 내가 과연 예정을 받아서 신앙생활을 하고 있는지, 그래서 내가 종말에 결국 구원의 완성을 받을 것인지, 아니면 나의 현재 믿음이 하나님의 예정과는 무관해서 나의 종말의 구원에 대한 소망은 신기루에 불과한 것인지…. 사실 이런 문제로 고민하고 불안해하는 신자들이 많이 있습니다.

이 예정의 교리가 사람을 불안하게 한다는 것은 이 교리의 원래 의도와는 정반대 효과입니다. 우리의 사유를 태초부터 시작하면, 우리가 예정을 받았는지 안 받았는지 알 수 없습니다. 예정의 교리는 이 문제를 해결하기 위해 고안된 교리가 아닙니다.

예정 교리는 성경대로 믿음의 현재라는 시점에서 내가 그리스도 안에 나타난 하나님의 구원의 계시를 믿음으로 받아들이고, 그럼으로써 얻게 된 나의 구원에 대한 신념에서 되돌아보아야 이해할 수 있는 교리입니다. 내가 믿음의 현재에서 구원을 받았다는 신념 가운데서 되돌아보면, 이런 질문들이 떠오릅니다. "도대체 내가 어떻게 해서 구원을 받았는가? 믿음으로 받았는데 이 믿음이 도대체 내게 어떻게 생겼는가? 내가 그리스도를 믿게 된 순간까지는 내가 스스로 아무개로부터 그리스도의 복음을 듣고 그것을 받아들이겠다고 결단함으로써 믿는 자가 된 줄 알았는데, 믿는 자가 되고 보니 나처럼 영적으로 눈이 먼 자가 도대체 어떻게 십자가에 못 박힌 예수를 하나님의 아들이라고 받아들이며 그가 나를 위해 죽으셨다고 믿어서 구원을 얻게 되었을까?"라고 자문하게 됩니다.

이렇게 그리스도를 믿는 자가 되어 나의 믿음을 되돌아봤을 때, '아! 분명히 내가 믿기 전에 내가 알지도 못하는 사이에 성령이 내게 임하셔서 그의 은혜로 나의 영적인 눈을 뜨게 하시고, 나로 하여금 십자가에 달린 예수를 하나님의 아들로 인정하게 하시고, 그가 나의 죄를 위해 돌아가셨다는 사실을 받아들이게 하시고, 나의 강퍅한 의지를 꺾어 그를 주로 고백하며 그에게 순종하게 하셨구나' 깨닫게 됩니다. 곧 내가 믿는 순간에는 그 복음을 받아들이겠다고/믿겠다고 내가 결단한 것으로 알았는데, 믿는 자가 되고 보니 나로 하여금 믿도록 성령이 미리 역사하셨음을 깨닫게 된다는 말입니다. 이른바 성령의 "미리 와서 역사하시는 은혜"(prevenient grace)를 깨닫게 됩니다. 그러니까 믿음 자체가 성령의 선물입니다. 이것을 깨닫게 됩니다.

여기서 우리는 한 걸음 더 되돌아가 생각하게 됩니다. '하나님이 내가 알기도 전에 그의 영으로 내 안에 역사하셔서 나로 하여금 복음 들을 기회를 주실 뿐 아니라 그 복음을 깨달을 수 있도록 하시고 믿게 하셨다면, 하나님이 나를 구원하시려는 의지를 미리 가지고 계셨구나'를 깨닫게 됩니다. 그리고 하나님의 그 구원 의지가 내게서 실현되었음을 깨닫게 됩니다.

하나님은 변치 않으시는 분이요, 신실하신 분이요, 창조주 하나님은 태초의 계획을 당신 뜻대로 진행하시는 분입니다(이것이 예정론의 전제입니다). 그렇다면 '나로 하여금 복음을 깨닫게 하신 하나님은 태초부터 나를 구원하시려는 의지를 가지고 계셨구나. 그렇게 미리 결정하시고 하나님의 뜻에 합당한 때가 차매 성령의 미리 역사하시는 은혜로 나의 영적인 눈을 뜨게 하시고 자기를 주장하는 나의 강퍅한 의지를 깨뜨리셔서 복음을 믿게 하시고 구원을 받도록 하셨구나'를 깨닫게 됩니다. 이렇게 하나님이 나를 구원하시려고 '예정'하셨음을 깨닫게 됩니다. 이처럼 예정론은 믿음의 현재에서 되돌아봄으로써만 이해되는 교리입니다.

하지만 교회는 예정론에 대한 사유를 태초부터 시작하여 그것을 이해하려는 전통을 가지고 있습니다. 특히 한국 교회에 이 전통이 강합니다. 그런 교회의 설교나 가르침을 오래 받아온 사람들 중에는 '내가 지금 나름대로 신앙생활을 하고 있는데, 내가 과연 하나님께로부터 종말에 구원받을 자로 예정되어서 신자가 된 것인가, 아니면 내가 그런 예정을 받지도 않았는데 신자의 흉내를 내고 있는 것인가? 예정 받은 증거를 어떻게 얻을 수 있을까?' 등의 문제들을 제기하면서 고민하는 이들도 있고, '하나님은 왜 어떤 사람들은 구원에로 예정하시고, 어떤 사람들은 안 하셨나? 안 하셨다면 그들은 멸망으로 예정하신 것인가? 하나님은 불공정하신가?' 등의 보다 심각한 신학적 질문을 하는 이들도 있습니다.

그런데 그런 질문들은 잘못된 관점에서 예정론을 논해서 발생하는 부질없는 것들입니다. 성경의 예정 교리는 믿는 자가 스스로의 믿음을 되돌아봄으로써만 깨달을 수 있는 것이요, 자신의 믿음이 영원하시고 항상 신실하신 하나님의 뜻에 따라 그의 영의 인도하심으로 얻게 된 것을 알게 하여, 하나님께서 현재뿐만 아니라 종말까지도 자신의 믿음을 지켜 주셔서 구원의 완성을 받게 하실 것이라는 확신을 갖도록 하는 교리입니다. 그러므로 내가 하나님의 구원에로의 예정을 받았다는 증거는 나의 현재의 믿음 자체입니다. 내가 주 예수 그리스도의 복음을 확실히 믿고 있으면, 그것을 나에 대한 하나님의 예정의 확실한 증거로 알고 안도해도 됩니다.

그러면 어떤 이는 이렇게 질문하겠지요: "내가 신앙생활을 하고 있기는 한데, 그리스도의 복음을 확실히 믿고 있는지, 아니면 내가 그냥 주관적으로 믿는다고 느낄 따름인지는 어떻게 압니까? 즉 나의 믿음이 그저 환상이 아니고 정말 하나님의 영으로 주신 참된 믿음이라는 증거는 또 무엇입니까?" 내가 주 예수 그리스도를 확실히 또는 진실로 믿고 있는지 아닌지는 나 스스로 지금 하나님의 이름과 주 예수의 이름을 진실로 부르고 있는지 아니면 헛되이 부르고 있는지 분간해 보면 알 수 있습니다. 사도 바울은 로마서 8:15-16에서 우리 안에 내주하시는 하나님의 아들의 영(즉 성령)이 우리 입으로 하나님께 "아빠!"라 부르게 하심으로써 우리가 하나님의 아들 예수 그리스도를 통해서 하나님의 자녀된 것을 증거하신다고 합니다. 바울은 또 고린도전서 12:3에서 누구든지 성령에 의하지 않고서는 "예수가 주이시다"라고 고백할 수 없다고 합니다. 그러니까 우리가 하나님을 "아빠"라 부르고 예수 그리스도를 "주"라 부르면 그것들이 우리 안에 성령(하나님의 영/하나님의 아들의 영)이 내주하신다는 증거입니다. 그런데 우리가 하나님을 "아빠"라고, 예수를 "주"라고 부르는 의미는 무엇입니까? 그것은 하나님과 주 예수께 도움을 청하고(즉 의지하고) 순종을 서약하는 행위입니다. 그러므로 나의 믿음이 진실하다는 증거는 성령이 내 안에 내주하시며 하나님 아버지와 주 예수 그리스도께 의지하고 순종하면서 살게 하신다는 것입니다. 그런데 성령이 내 안에 내주하시며 그렇게 하고 계시다는 증거는 또 무엇입니까? 그것도 그냥 환상일 수 있지 않나요? 그렇습니다. 그럴 수도 있습니다. 예수 스스로 자신에게 "주여! 주여!" 헛되이 부르면서 예언도 하고 귀신들도 쫓는 등 이적들을 행하는 자들도 있다고 경고하셨습니다. 그러나 예수는 이런 설명을 덧붙이셨습니다: "주의 이름을 헛되이가 아니고 진실로 부르는 자는 *하나님 아버지의 뜻을 행하는 자다*"(마 7:21-23). 그러므로 나의 믿음이 헛되지 않고 진실하다는 증거는 앞서 살펴본 대로 내가 가치판단과 윤리적 선택의 갈림길에 놓일 때마다, 나의 내면의 양심에 말씀하시는 성령의 인도함을 받아 "하나님 아빠! 주 예수 그리스도시여!" 부르며 *하나님의/주 예수 그리스도의 뜻에 따라 의의 길을 가는 것*입니다. 내가 때때로 어떤 경우는 그렇게 하지 못하고 도리어 사탄의 시험에 귀 기울여 옛 아담적 실수를 한다 해도, 그때마다 진심으로 회개하고 하나님의 아들 주 예수 그리스도의 통치에 대한 믿음의 순종을 하려고 더욱 노력하며 사는 한, 나의 믿음이 진실되다고 확인할 수 있습니다. 나로 하여금 그런 회개를 하게 하시는 이도 성령이시요, 의로운 삶을 살려고 더욱더 노력하게 하시는 이도 성령이십니다. 그러니까 그런 믿음 생활을 내가 지금 하고 있다면, 나는 그것을 내 안에 성령이 역사하고 계시다는 증거로, 즉 성령이 내가 주 예수 그리스도에 대한 믿음의 순종을 하도록 하여 구원의 상태를 지탱하고 계시다는 증거로 볼 수 있는 것입니다. 그리고 그 증거로 '내가 태초부터 종말의 구원의 완성을 받도록 하나님의 예정을 받았기에, 신실하신 하나님께서 그의 영을 통하여 나로 하여금 복음을 믿어 구원의 첫 열매도 얻게 하시고, 나의 구원의 현재 과정에서도 자신의 영을 통하여 나를 지켜주시니, 앞으로 종말까지 나를 지켜주셔서 종말의 완성을 받도록 하실 것이다'라는 확신을 가질 수 있게 되는 것입니다.

이렇게 예정론은 우리의 믿음의 현재에서 뒤돌아봄으로써 터득하는 교리이며, 우리의 믿음의 실체에 의해 확인되며, 우리에게 종말의 구원의 완성에 대한 확신을 주고 안도하게 하는 교리입니다.

예정 교리는 우리의 구원이 오로지
하나님의 은혜로 이루어진다는 복음에 함축된 것

예정 교리는 우리의 구원이 우리의 인간적 지혜나 선행으로 이루어지는 것이 아니고 오직 하나님의 은혜로 이루어지는 것이라는 복음에 함축되었습니다. 우리는 이미 그것을 하나님이 우리를 구원으로 예정하셨음을 어떻게 알 수 있는가를 논하면서 살펴보았습니다. 그리스도 예수를 우리를 위한 대속과 새 언약의 제사로 죽음에 넘겨주시고 그를 부활시켜 우리의 구원을 이루어 주신 것도 하나님의 은혜이듯이, 우리로 하여금 세례 때 복음을 믿어 그 구원을 덕입게 하신 것도 하나님이 자신의 영을 통해서 베푸신 은혜요, 우리의 구원의 현재 과정에서도 사탄의 시험을 물리치고 주 예수 그리스도의 통치를 받아 하나님 나라의 구원을 받아가는 삶을 살도록 하시는 것도 하나님이 자신의 영을 통해 베푸시는 은혜임을 깨달았습니다. 이러한 하나님의 은혜의 체험에서 우리는 하나님이 우리를 종말의 구원으로 예정하신 것을 깨닫고, 우리가 장차 주 예수 그리스도의 재림 때 하나님의 재판석 앞에 설 때에도 우리를 신실히 사랑하시는 하나님이 우리가 성령의 역사를 거역하여 저지른 죄들도 사면하시어 자신의 영광에 참여하고 영생을 얻게 하는 은혜를 베푸시리라는 확신을 가지게 된다는 것을 설명했습니다.

예정론에 대한 올바른 이해의 중요성

그러므로 예정론을 부인하거나 약화시키는 것은 우리의 구원을 전적으로 하나님의 은혜에 의한 것으로 보지 않고 우리의 믿음에서 우리의 자유의지적 결단을 중시하는 것으로서, 우리로 하여금 구원의 확신과 그로부터 오는 안도를 얻지 못하게 하는 것입니다.

우리 인간은 신실하지 못하여, 때로는 열렬한 신앙생활을 하다가도 어떤 시험에 빠지거나 어려움에 처하면 믿음이 식기도 하여 주 예수 그리스도의 통치에 역행하기도 합니다. 우리가 가는 길이 평탄하면 '할렐루야' 외치며 기쁨으로 활기찬 신앙생활을 하다가도, 사업이 어려워지고 건강에 위기가 닥치면 '하나님이 내게 왜 이런 시련을 주시나? 하나님이 과연 나를 사랑하시는가? 하나님이 과연 계시기나 하나?' 하는 회의를 하기도 합니다. 그런데 믿음이 성령의 강력한 인도하심에 대한 나의 반응이 아니고 전적으로 나의 자유의지적 결단의 산물이라면, 그리고 구원이 나의 그런 믿음에 달려 있다면, 우리의 구원은 얼마나 불안합니까? 앞으로도 나의 인생에 얼마나 큰 환난이 올지 어떻게 압니까? 그런 환난과 고난 속에서 우리의 믿음이 유지되리라고 누가 자신하겠습니까? 구원이 우리의 자유의지적 믿음에 달려 있다면, 과연 누가 종말에 자신이 구원의 완성을 받을 것이라고 확신할 수 있겠습니까?

그러므로 성경이 가르치는 예정론을 약화시키기 위해서 우리의 신앙에 인간의 지혜와 선의/선행을 강조하는 것은 결국 복음의 "은혜로만"(sola gratia)의 진리를 훼손하는 것으로서, 우리의 구원에 대해 불안하게 하는 것입니다.

반면에, 어떤 그리스도인들은 가령 로마서 8:29-30의 가르침을 자신들의 믿음 생활의 현재에서 되돌아봄으로써 이해해야 하는 것을 모르고, 또 그 가르침의 의도를 제대로 파악하지 못한 채 피상적으로 이해하여, 자신이 하나님의 태초의 예정에 따라 주 예수 그리스도를 영접함으로써 구원을 받았으므로 자신이 종말에 하나님의 영광을 얻을 것도 보장되었다고 자만합니다. 이런 생각으로 "구원의 확신"을 가지고 사는 사람들은 자신이 구원의 현재 과정 중 주 예수 그리스도의 통치에 순종하여 의로운 삶을 살아야 한다는 성경의 가르침을 경시 또는 무시합니다. 보통 구원파 사람들이 이런 윤리 없는 신앙을 가지고 산다고 비난하는데, 한국의 "정통" 교단들에 속해 있는 많은 목사들도 사실상 그런 예정론, 그런 구원론을 가르쳐 교인들을 의로운 삶을 살지 않는 "의인들"(칭의된 자들)이 되게 하고 있습니다.

세례 때 "성화"되고 "칭의"된 고린도의 그리스도인들(고전 1:2; 6:11)도 자신들이 이미 구원의 완성을 받은 양 자만하며, 윤리의식 없이, 주 예수 그리스도의 구원의 통치에 순종 없이 방종하였습니다. 그들은 예정론을 오해해서가 아니라, 헬라적 이원론에 근거하여 구원을 영혼 구원으로만 이해하고 몸 또는 몸 안에서의 삶은 구원과 무관하다고 생각하면서 자신들의 성령 체험, 특히 신비스럽게 보이는 방언과 예언의 은사들을 과대평가했습니다. 그래서 그들은 하나님 나라의 구원을 다 받은 것으로 착각하고(고전 4:8), 자만하며, 우상 숭배와 음행에 빠지고(고전 5:1-8; 6:12-20; 8-10장), 서로 패를 지어 분쟁하며(고전 1-4장), 예배를 방언과 예언의 경연장으로 만들고(고전 12-14장), 가난한 형제들을 천대하여 성찬식을 더럽히는 등(고전 11:17-34) 온갖 악행을 저질렀습니다. 이런 고린도의 그리스도인들에게 바울은 출애굽 때 하나님의 구원을 받은 이스라엘이 그 구원의 완성으로 약속된 가나안 땅에 들어가는 도정에서 우상숭배와 음행에 빠져 다 멸망받아 가나안에 들어가지 못한 것을 예로 들어 경고합니다: "누구든 [구원에] 서 있다고 생각하는 자는 넘어지지 않을까 조심하라"(고전 10:12. 고전 6:9-10과 9:24-27도 참조).

그 경고는, 예정론에 대한 그릇된 이해에서 연유되었든 헬라적 이원론과 성령 체험에 대한 오해에서 연유되었든, 또는 어떤 이유에서 연유되었든 자신의 구원을 확신하며 윤리적 책임, 곧 주 예수 그리스도의 구원의 통치에 순종하여 의로운 삶을 살아야 하는 의무를 저버리는 사람들 모두에게 적용됩니다. 바울은 심지어 약간의 내부 분쟁은 겪고 있지만 전체적으로 핍박 속에서도 훌륭한 신앙생활을 하는 빌립보의 그리스도인들에게도 권고합니다(빌 2:12-13): "하나님이 너희 안에 [자신의 성령으로] 계시며 너희에게 [하나님]을 기쁘게 해드리고자 하는 의지도 주시고 그것을 행할 수 있는 능력도 주시니(13절), 너희의 구원을 두렵고 떨림으로 이루어가라"(12절).

이렇게 바울은 하나님의 예정론과 성도의 견인론(하나님이 구원에로 예정하신 자들을 끝까지 지켜주심)을 펼쳐서 우리에게 구원의 확신과 위안을 주기도 하고(예: 롬 8:29-30; 고전 1:7-9; 살전 5:23-24; 살후 2:13-14), 우리의 행위에 의한 하나님의 최후의 심판을 상기시키며(예: 롬 14:10; 고후 5:10), 구원에서 탈락하지 않도록 근신하고 의로운 삶을 살아가야 함을 강조하기도 합니다(예: 롬 8:13; 11:17-22; 고전 6:9-10; 9:24-27; 갈 5:21).

이 두 가르침들, 예정론/성도의 견인론과 성도의 탈락의 가능성은 논리적으로 서로 모순되는 것같이 보입니다. 그래서 이 주제와 관련하여 질문들을 자주 받습니다. 그러나 보는 바와 같이, 두 교리들을 다 사도 바울이 가르칩니다. 칼빈의 개혁신학 전통을 따르는 사람들은 전자를 강조하고 후자를 약화시키는 경향이 있고, 아르미니우스와 웨슬리 신학 전통을 따르는 사람들은 후자를 강조하며 전자를 약화시키는 경향이 있습니다. "구원의 확신"과 안도를 강조하는 개혁신학은 믿음에서 인간의 순종의 필요성을 강조하면 "하나님의 은혜로만"의 원칙을 훼손하고 인간의 행위에 의한 구원론으로 빠지지 않겠느냐는 염려를 합니다. 반면 "성화"를 강조하는 감리교/성결교의 신학전통은 예정론/성도의 견인론을 강조하면 "성화" 노력을 게을리하게 하고 방종의 삶을 조장하지 않겠느냐고 걱정합니다. 그래서 두 신학 전통들은 서로 대조되는 신학적 경향을 가지게 된 것입니다. 그러나 둘 다 옳지 않습니다. 두 교리들 간의 논리적 긴장을 의식하면서 그들을 의도의 차원에서 통합하여 함께 견지하면서, 사도 바울같이 상황에 따라 때로는 이 교리를, 때로는 저 교리를 적용하는 것이 건전한 신앙입니다.

두 교리 모두 오늘 우리의 구원의 현재 과정(전통적인 언어로 말하자면, 성화의 과정)에서 신자들로 하여금 주 예수 그리스도의 구원의 통치에 성령의 도우심을 받아 신실한 믿음의 순종을 해가도록, 의롭고 거룩한 삶을 살아가도록 촉구하려는 의도를 가지고 있습니다. 성도의 탈락의 가능성에 대한 교리가 그런 의도를 가진 것은 명백합니다. 그러나 예정론/성도의 견인론도 같은 의도를 가지고 있다는 것을 알기 위해서는 조금 더 세심한 관찰이 필요합니다.

먼저 데살로니가전서 5:1-11을 보십시오. "주의 날", 즉 주 예수 그리스도께서 재림하시어 최후의 심판을 하실 것에 대해 불안해하는 데살로니가의 성도들에게 바울은 말합니다: "그날은 도둑이 밤에 오듯 예기치 않은 시점에 오는데, 그날 로마제국의 팍스 로마나의 가짜 복음('평화와 안전')에 속아 흥청망청 사는 사람들은 미처 예비하지 못한 상황에서 멸망당하게 될 것이다. 그러나 너희는 이미 복음의 빛을 받아 그날에 대해서 어느 정도 아는 자들이므로 그들과 같이 당하지는 않을 것이다. 그러므로 그들과 같이 시류에 휩쓸리지 말고, 정신 바짝 차리고 '믿음과 사랑의 흉배를 붙이고 구원의 투구를 쓰고' 그날을 기다리자. '*왜냐하면*(아쉽게도 한역성경에는 이 접속사가 생략되어 있음) 하나님이 우리를 (종말에 하나님의) 진노가 아니라, 우리를 위해서 죽으신 주 예수 그리스도를 통하여 구원을 받도록, 그리하여 그분과 함께 살도록 *예정하셨기 때문이다*"(9-10절). 이 본문에서 바울이 예정론을 언급하는 것은 주의 날에 있을 최후의 심판에서 자신들이 구원의 완성을 받을지 못 받을지에 대해 불안해하는 성도들에게 구원의 확신을 주고 안심시키기 위한 의도와 함께, 그들이 구원의 완성을 받도록 예정하신 하나님의 의지에 따라 오늘을 비신자들같이 방탕한 삶을 살지 말고 믿음과 사랑과 (구원의) 소망의 갑옷을 입고 살아갈 것을 촉구하려는 의도가 있는 것을 알게 됩니다.

로마서 8장도 같은 가르침을 줍니다. 8:28-39에서 바울은 예정론과 성도의 견인론을 가장 자세히 전개하는데, 우리는 그 본문을 앞서 가는 8:18-27과 더 거슬러 올라가 8:1-17과도 연관하여 이해해야 합니다. 8:28-39에서 바울이 예정론과 성도의 견인론을 가장 강력하게 전개하며 하나님의 구원이 완성되는 최후의 심판의 장면을 그리고, 하나님의 사랑과 성도들의 사탄의 세력들에 대한 승리를 웅변하는 의도는 아직도 사탄의 통치가 멸절되지 않은 이 세대/세상에서 많은 고난을 겪으며 살아가는 우리에게 구원의 확신을 심어주고 위로를 주고, 그리하여 우리로 하여금 구원의 완성에 대한 소망을 가지고 현재의 고난을 잘 인내하며 살도록 하기 위한 것입니다(24-25절). 그러나 8:28-39에서 펼치는 바울의 예정론과 성도의 견인론을 8:1-17과 연관하여 보면, 그 속에 이런 의도도 담긴 것을 알게 됩니다: 즉, 장차 최후의 심판에서 완성될 우리의 구원의 찬란한 모습을 보여줌으로써(28-39절), "아직도 우리의 '육신'(자기주장하려는 우리의 옛 아담적 자아)을 유혹하여 죄를 짓고 죽음을 얻게 하는 사탄의 통치를 물리치고, 우리 안에 내주하시는 성령의 인도하심을 따라 주 예수 그리스도의 통치를 받아 생명을 얻는 삶(13절)을 신실히 살도록, 그리하여 우리에게 예정된 그 찬란한 구원을 확실히 얻자"고 권면하려는 의도 말입니다.

맺는 말

　모든 인간은 죽음과 그것의 증상들인 고난들로부터 구원받아야 합니다. 그러나 인간은 자신 안에 내재하는 자원들로 스스로를 구원할 수 없습니다. 전능하시고 전지하시며, 영원하시고 무소부재(無所不在)하신 초월자 창조주 하나님만 인간과 온 세상을 구원하실 수 있습니다. 그 하나님이 하늘에 고고히 앉아 계시며 자신의 피조물들을 죽음에 방치하신 것이 아니라, 그들을 사랑해서 그들을 위한 구원 사역을 하셨습니다. 즉, 나사렛 예수에게 자신의 영으로 임하셔서(임마누엘, 마 1:23) 그로 하여금 자신의 구원의 통치를 선포하도록 하셨으며 스스로를 인류를 위한 대속과 새 언약의 제사로 바치게 하

시고 그를 부활시키심으로 말미암아 온 인류가 그 구원 사역("은혜")을 덕입어 구원을 얻도록 하셨습니다.

그리하여 그리스도(종말의 구원자) 예수 안에 이루어진 하나님의 구원 사역을 믿는 사람들은 세례 때 성령의 인도하심에 따라 사탄의 죄와 죽음의 통치에서 벗어나 하나님의 아들 주 예수 그리스도의 의와 생명의 통치 아래로 이전되어 구원의 첫 열매를 받도록 하셨습니다. 그리고 현재 하나님의 영의 도움으로 사탄의 통치를 거부하고 주 예수 그리스도의 통치에 믿음의 순종을 하는 삶을 살아 구원을 받아가도록 하셨으며, 종말에 그리스도의 재림 때 자신의 최후의 심판석에서 구원의 완성을 받도록 하셨습니다.

인류와 세상의 구원에 관한 이 모든 것들은 하나님께서 태초에 예정하신 자신의 구원 계획을 신실히 이행해가심의 결실들입니다. 그러기에 오늘 자신의 실제 삶에서 성령이 자신의 양심에 하시는 말씀을 경청하며 하나님 아버지와 주 예수 그리스도의 뜻을 좇아 의를 행하려 애쓰는 사람들(롬 8:4, 12-17)은 종말에 얻을 자신의 구원의 완성, 즉 신적 영광과 생명("영생")을 얻을 것을 확신하며 바울과 함께 이렇게 외칠 수 있습니다:

"그런즉 이 일에 대하여 우리가 무슨 말 하리요 만일 하나님이 우리를 위하시면 누가 우리를 대적하리요 자기 아들을 아끼지 아니하시고 우리 모든 사람을 위하여 내주신 이가 어찌 그 아들과 함께 모든 것을 우리에게 주시지 아니하겠느냐 누가 능히 하나님께서 택하신 자들을 고발하리요 의롭다 하신 이는 하나님이시니 누가 정죄하리요 죽으실 뿐 아니라 다시 살아나신 이는 그리스도 예수시니 그는 하나님 우편에 계신 자요 우리를 위하여 간구하시는 자시니라 누가 우리를 그리스도의 사랑에서 끊으리요 환난이나 곤고나 박해나 기근이나 적신이나 위험이나 칼이랴 기록된 바 우리가 종일 주를 위하여 죽임을 당하게 되며 도살 당할 양같이 여김을 받았나이다 함과 같으니라 그러나 이 모든 일에 우리를 사랑하시는 이로 말미암아 우리가 넉넉히 이기느니라 내가 확신하노니 사망이나 생명이나 천사들이나 권세자들이나 현재 일이나 장래 일이나 능력이나 높음이나 깊음이나 다른 어떤 피조물이라도 우리를 우리 주 그리스도 예수 안에 있는 하나님의 사랑에서 끊을 수 없으리라"(롬 8:31-39).

구원이란 무엇인가